초자연적 삶 이렇게 살라

The Beginner's Guide to Signs, Wonders, and the Supernatural Life
copyright ⓒ 2010 James W. Goll.
All Rights reserved.
Published by Regal from Gospel Light
Ventura, California, U.S.A.
Korean Translation Copyright ⓒ 2011 Shekinah publications.

이 책의 한국어판 저작권은 쉐키나 출판사에 있습니다.
저작권법에 의해 한국에서 보호받는 저작물이므로 무단전재와 무단복제를 금합니다.

초자연적 삶 이렇게 살라

제임스 W. 골 지음 · 김현경 옮김

추천의 글

제임스는 각계각층의 사람들이 초자연적인 삶을 자연스럽게 살아낼 수 있도록 이끌어 줄 수 있는 놀라운 책을 썼다. 성경적이고 균형 잡힌 방식으로 집필된 이 책은 모든 새 신자의 필독서가 되기에 마땅하다. 그리스도의 몸에 주어진 이 귀한 선물을 적극 추천하는 바이다.

체 안 하비스트 국제 사역 HIM(Harvest International Ministries) 선교회 대표, 하비스트 락 교회 담임 목사

어떤 면에서 우리는 '은사 운동' 이 후 시대에 살고 있다. 어떤 측에서는 성령 운동이 너무 평범해져서 더 이상 하나님께서 바라시는 그 모든 것의 충만함을 누리기 위해 매진할 필요를 못 느낀다. 그러나 제임스 골은 그렇지 않다. 부인, 미갈 앤의 죽음을 애도하며, 자신이 받은 진단과 싸우는 가운데도 제임스는 포기하거나 굴복하지 않는다. 그의 저서 '초자연적 삶, 이렇게 살라'에는 단순명료함과 열정이 있다. 성령의 충만을 아직 경험하지 못한 사람들에게 도전을 주는 한편, 그것을 경험해 본 사람들도 일깨워준다. 만일 당신이 하나님을 더 원한다면, 이 책은 '초자연적인 삶의 정수를 경험하도록' 여러분을 도와줄 것이다. 만일 여러분이 다소 안일해졌다면, 이 책이 당신을 흔들어 깨울 것이다.

돈 핀토 저서로는 『당신의 백성이 나의 백성이 되고』, 『하나님의 약속과 이스라엘의 미래』가 있다.

우리는 지난 4세대 만에 가장 초자연적인 시즌에 진입하고 있다. '초자연적인 삶, 이렇게 살라'는 이 땅에서 예수님이 사셨던 것처럼 살려고 계시에 들어가려 매진하는 모든 사람을 위한 훌륭한 도구이다. 제임스 골은 튼튼한 기반을 놓고, 신자에게 가능한 초자연적 능력들을 일깨워 준다. 이것은 예수님께서 우리를 위해 갈보리에서 이루신 업적을 통해 부여받은 권리이다. 제임스는 성령님을 우리의 삶의 증인이 되시며 하나님의 초자연적 성품으로 채우시는 능력의 원천으로 소개한다. 그는 또한 초자연적 영역에 사는 것에 균형을 맞춰서 이 귀한 포도주를 담을 수 있는 유일한 가죽부대는 그리스도를 닮은 성품이라고 일깨워 준다. 이 책을 읽고 초자연적 만남을 준비하라!

척 D. 피어스 글로벌 스피어스 대표, 국제 시온의 영광 대표, 세계 추수 사역 부총재

'초자연적인 삶, 이렇게 살라'에서 제임스 골은 초자연적인 것을 자연스러운 것으로 만들었다. 이 책은 당신 안에 성령의 능력을 활성화시킬 것이고 기대하는 믿음의 수준을 높여서 하나님께서 당신 안에서, 그리고 당신을 통해서 기적을 행하시는 것을 보게 할 것이다. 능력을 덧 입혀 주는 이 책에 대해 제임스에게 감사한다. 이 책은 그리스도의 몸이 목적과 소명의 충만함 안으로 들어가서 하나님 나라를 경험하고 나타내게 할 것이다.

제인 해몬 베스트셀러 『꿈과 환상』의 저자

제임스 골은 영적 세계에 대한 숭고하고 높은 개념을 누구나 이해하고 자신의 삶에 적용할 수 있는 용어로 표현할 수 있는 능력을 가진 사람이다. 그런 이유로, 그의 새 책 '초자연적인 삶, 이렇게 살라'는 자연스러운 삶을 가장 초자연적인 방식으로 살 수 있게 해주는 훌륭한 자료이다!
제인 핸슨 호이트 어글로 인터내셔널 대표

정말로 살고 싶은 삶이 있지만 번번이 미달하는 데 지쳤는가? 이 책은 당신이 전환점을 맞이하도록 도와줄 것이다. 제임스 골이 우리에게 준 이 간단하고 복잡하지 않은 가이드북은 당신이 한 걸음, 한 걸음 걸어가 자연스럽게 초자연적인 삶을 살게 해줄 것이다. 당신은 이 책을 좋아할 것이다!
C. 피터 와그너 와그너 리더십 연구소 회장

'초자연적인 삶, 이렇게 살라'는 모든 신자의 필독서이다! 제임스는 초자연적인 삶의 미스터리를 실제적이고 성취 가능한 것으로 만든다. 종교와 전통의 틀 밖의 생명을 많은 사람들이 갈구하는 이 때에 신자들에게 이 책이 필수적이다! 예수님께서 사신 충만한 생명 속에 살기를 갈망하는 모든 사람들을 위해 이 책을 강력히 추천한다!
바바라 웬트로블 국제 돌파 사역 대표, 저서로는 『예언적 중보기도』, 『권세를 가지고 기도하라』, 『당신의 소명을 향해 일어서라』, 『하나님의 여성』, 『거짓의 장막 제거』가 있다.

제임스 골이 또 하나의 역작을 집필했다. '초자연적인 삶, 이렇게 살라'에서 그는 말씀과 성령의 관점에서 집필했을 뿐 아니라, 인격과 기름부음의 관점으로도 집필했다. 그는 우리가 뛰어들어 초자연적인 것을 흘려보낼 수 있도록 준비시킨다. 이 책은 제임스의 삶과 경험에서 나온 훌륭한 제자훈련서이다. 나도 이 책을 입문자들 함께 사용하려고 한다.

바바라 J. 요더 쉐키나 기독교회 담임목사 및 수석 사도, 돌파 사도 사역 네트워크 설립자 및 사도적 리더

차례

헌정 및 감사 • **10**
서문 • **12**

1부 초자연적인 하나님

1장 어제, 오늘, 그리고 영원히 • **19**
2장 역동적인 성령님 • **43**
3장 충만한 부으심 • **71**

2부 성숙한 인격의 필요

4장 기본으로 돌아가기 • **99**
5장 지름길은 없다 • **125**
6장 자연스럽게 사는 초자연적인 삶 • **147**

3부 갈보리의 승리 집행하기

7장 십자가의 능력 • **177**

8장 장착해야 할 무기들 • **199**

9장 지원군이 오고 있다 • **229**

4부 모든 것이 가능하다

10장 포로를 자유케 하신다 • **263**

11장 자녀의 떡 • **285**

12장 아름다운 마무리 • **311**

헌정 및 감사

주 예수 그리스도 안에서 전 세계에서 증가하고 있는 성도들에게 이 책을 헌정한다. 그들은 초자연적인 삶에 확고히 성장하기 원하며, 예수님의 십자가를 자신이 하는 모든 것의 중심으로 붙잡고 있는 사람들이다. 특히 내가 이 책을 준비하고 있는 동안 세상을 떠나 예수님과 함께 있는 나의 아내 미갈 앤 골에게 존경을 표한다. 그녀는 성령의 열매와 은사가 보기 드물게 결합된 그리스도인의 삶을 살았다. 현대의 믿음의 영웅인 그녀와 32년 넘게 살았던 것에 대해 주님께 감사드린다. 천국은 더 충만해졌겠지만, 땅은 그녀가 없어서 훨씬 더 허전해졌다.

지난 세월 동안 내 삶에 지대한 영향을 미친 많은 리더들이 있다. 나는 그들에게 매우 감사한다. 그 명단이 길기 때문에 특정 인물들을 너무 강조하진 않겠다. 그러나 나는 이 책을 쓰는 데 도와준 캐시 디어링으로 인해 주님께 감사하고 싶다. 그녀는 최고이다. 또 인카운터스 네트워크 스태프 진에게 감사하고 싶다. 특히 나의 매니징 디렉터인 제프리 톰슨, 그리고 킴 뱅스와 리걸 북스 팀에게 감사한다. 나의 최대의 시련 중에 나를 포기하지 않은 것을 그들에게 감사한다.

내가 이 전략적인 책을 쓰면서 희망한 것은 예수님의 참 제자의 새 세대가 일어나는 것이었다. 그들은 인격과 능력의 두 배의 초자연적 기름부음 안에 행하는 사람들이다. 이 책이 이 마지막 때에 하나님의 목적을 위한 도구와 무기로 사용되도록 감사하며 바친다.

하나님과 하나님의 놀라운 길을 사랑하며,

제임스 W. 골

서문

이 책의 엄청난 가치는 손에 닿을 수 없어 보였던 초자연적인 삶에 모든 성도가 다가갈 수 있게 한다는 데 있다. 그것을 성공적으로 하기 위해, 저자는 지혜로운 방식으로 희망과 약속을 제시하고 있다. 제임스 W. 골은 그것을 아주 잘 해냈다.

그는 보기 드문 예언자이다. 왜냐하면 그는 무엇보다도 먼저 세우는 자이기 때문이다. 많은 경우 다른 비슷한 사역들은 무너뜨리는 데 초점을 맞춰서 다른 사람이 와서 건축하게 한다. 그들은 잘못된 것을 드러내는 임무를 갖는다. 제임스를 포함한 모든 예언자들은 이러한 사역을 조화롭게 해 나가야 한다. 하나님의 거룩한 문화의 건축가나 세우는 자는 드문데 제임스는 세우는 자이다.

제임스가 건축가인 것은 그가 하나님의 마음을 보고 그 결과를 경험했기 때문이다. 하나님을 경험한 그의 마음은 희망과 약속으로 충만하기 때문에 다른 사람들에게 유익하도록 계속적으로 그의 생명을 쏟아 붓는다. 그는 오직 하나님의 지혜 안에서 발견할 수 있는 놀라운 체계와 탁

월함으로 그렇게 한다.

 어떤 면에서 이 책 '초자연적인 삶, 이렇게 살라' 자체가 기적이다. 왜냐하면 저자가 부인을 암으로 잃는 삶의 최대 위기 중에 집필했기 때문이다. 그를 아는 모든 사람들이 놀랐다. 제임스는 말로 다 표현할 수 없는 고통을 경험하는 내내, 비범한 용기와 믿음을 보여 주었다. 많은 사람들이 이런 시점에서 하나님의 선하심에 도전하거나, 그런 끔찍한 개인적 시련 때문에 원망에 빠질 수 있겠지만, 제임스는 오히려 수십 년의 신실한 섬김을 통해 배운 모든 것을 이 책에 쏟아 부었다. 이 일을 통해 하나님은 항상 선하시며, 가까이 나아갈 수 있는 분이시고, 모든 신자가 예수님처럼 살 수 있다는 것을 보여 주었다. 그 결과, 우리는 어떻게 하면 항상 초자연적인 삶을 살 수 있을지에 대한 교과서를 갖게 되었다.

 내가 '교과서'라고 말하는 데는 이유가 있다. 제임스는 진부하거나 너무 단순하게 들리지 않으면서 근본적인 글을 쓰는 비범한 능력이 있다. 그는 뭐든 철저하게 다룰 줄 아는 은사가 있고 다른 사람들이 놓치는 세부사항에 특별히 집중하는 지혜가 있다. 그 덕분에 우리가 많은 혜택을 입는다.

 사도 바울은 빌립보서에서 '큰 기쁨'이라는 주제에 대해 썼다. 그는 그 서신서를 감옥에서 썼다. 그것은 암울할 뿐 아니라 어둠침침하고 습한 지하 굴이었다. 그곳에 직접 가 본 적이 있는데 그런 곳에서 어떻게 이러한 기쁨이 흘러 나왔는지 상상하기 어렵다. 많은 사람들을 사로잡는 원망의 덫에 주의 종이 걸리지 않는다면, 오히려 영혼의 갈등이 가장 풍성한 진리를 낳을 수 있게 된다. 물론 이 책을 성경과 비교하는 것은 부적절하겠지만, 주님께서 어떤 사역이 지속될 수 있도록 연단하시는 과정을 이 책이 잘 보여 주고 있음을 강조하고 싶다. 요즘 주님을 위해 이뤄진다고 하는 수많은 것이 단기간 동안만 존재하는 경우가 많다. 그러나 이 책은 많은 세대에 흔적을 남길 가능성이 있다.

『초자연적인 삶, 이렇게 살라』는 알맞은 때에 우리에게 주어졌다. 이 책은 예수님께서 실행하시고 가르치셨던 진정한 복음을 경험하기 원하는 이 세대의 부르짖음에 대한 응답이다. 이 책이 꼭 필요한 사람들의 손에 들려서, 중요한 것을 위해 희생을 감당하려 하는 세대가 예수님께서 우리 모두를 위해 모범을 보이신 진정한 삶을 살 기회를 갖기 바란다. 이러한 삶이야말로 초자연적인 것이며 어느 누구든 이러한 삶을 자연스럽게 살게 될 것이다.

빌 존슨
캘리포니아 주, 레딩, 벧엘 교회 담임목사
저서로는 『하늘이 땅을 침노할 때』, 『하나님을 얼굴로 보리라』가 있다.

및

초자연적인
하나님

예수 그리스도 안에 거하는 성자로서, 여러분과 나는 초자연적인 생명과 삶 속에서 호흡하고 있다. 그렇기 때문에 초자연적인 삶을 찾기 위해 여기저기 알아볼 필요가 없다. 그것은 이미 우리를 통해 흐르고 있기 때문이다. 새 피조물의 실체는 이것이다. 어떤 사람이 거듭나면, 예수님의 영이 오셔서 내주하신다. 그 이후 새 생명이 생수의 강처럼 그 사람으로부터 흐른다. 성경은 이렇게 표현한다.

"나를 믿는 자는 [나에게 붙어 있고 나를 신뢰하고 나를 의지하는 자는] 성경에 이름과 같이 그 배에서 생수의 강이 [계속해서] 흘러나오리라 하시니(요 7:38)."

우리를 통해 흘러나오는 새 생명이 하나님 나라가 이 땅에 임하는 것을 가능하게 한다.

"예수 그리스도는 어제나 오늘이나 영원토록 동일하시니라(히 13:8)."

그는 처음에 하신 것을 오늘날에도 여전히 행하고 계신다. 창조하고 재창조하고, 치료하고, 회복시키고, 어둠에 빛을 보내시고, 겸손한 자에게 승리를 주시고 교만한 자를 물리치신다. 우리 성도들은 매일 하늘의 초자연적인 공기를 호흡한다.

그런데 왜 우리들 대부분은 우리 삶의 초자연적인 측면을 인식하지 못하는가? 이러한 삶에 대부분의 성도들이 둔감한 것 같다. 단지 우리가 너무 인간적이어서 그런 것은 아닌 것 같다. 무엇을 놓치고 살아가고 있는지 모르고 있는 것은 아닌가?

물론 우리들 중 많은 사람들이 보이지 않는 초자연적인 삶과 그

것이 이 땅의 삶에 미치는 영향력에 대해 상당히 많은 관심이 있긴 하지만, 이에 대한 두려움을 가지고 있는 것은 아닐까? 오히려 '다른 측면'의 이상한 면에 지나치게 몰두하고 있지는 않는가?

어떻게 균형을 이뤄야 할까? 초자연적인 것 중 건강한 것과 그렇지 않은 것을 어떻게 구별할 수 있을까? 초자연적인 것에 대해 얼마나 잘 알고 있어야 할까? 예수 그리스도의 제자로서, 우리는 무엇을 추구해야만 하는 것일까?

함께 페이지를 넘겨 가며 초자연적으로 자연스럽고, 자연스럽게 초자연적인 것이 무엇인지 알아보자.

1장

어제, 오늘 그리고 영원히

초자연적 삶에 대한 탐구는 예수 그리스도라는 확실한 기반 위에서 시작되어야 한다. 왜냐하면 사탄이라는 하나님의 대적이 있고, 사탄도 영적이기 때문이다. 사탄은 하나님처럼 전능하지 않다. 그는 하나님의 피조물 중 하나인 천사였고 창조자께 반역해서 하늘에서 땅으로 내쫓겼다(눅 10:18-사 14:12-17을 보라). 그렇지만 어쨌든 사탄은 대적이며, 그와 함께 타락한 다른 초자연적 존재들과 함께 신자들의 삶 속에 생명을 주는 하나님 나라의 실체를 저해하려 한다.

사탄이 좋아하는 책략 중 하나는 하나님 나라의 초자연적 삶에 대해 사람들을 혼동시키는 것이다. 그는 하나님이 어제나 오늘이나 영원토록 동일하시다는 것을 사람들이 잊게 하려고 한다. 사람들이 하나님 나라의 삶의 영광에 다가갈 수 있다는 사실에 무지한 상태로 남아 있기를 사탄은 원한다. 더 나아가 하나님의 대적은 '초자연적인' 것이 이상하거나 악한 것을 가리키며, 초자연적인 것을 무엇이든 건드렸다가는 문제가 생긴다고 사람들이 생각하는 것을 좋아한다.

그러나 이제 깨어날 때이다! 우리가 하나님의 자녀로서 하나님의 새 생명의 강 속에 살고 하나님 나라에 대해 배우겠다고 진정으로 결정하지 않으면, 우리는 거짓된 것에 충성하도록 이끌릴 수 있고 속이는 어두운 영들에게 사로잡힐 수 있다. 우리는 우리의 권리를 박탈당할 수 있다. 그 권리는 우리가 아직 땅에 있는 동안에도 하늘을 여러 번 맛보고 살아계신 하나님의 능력을 여러 번 접하는 것이다. 그것이 초자연적 삶의 중심에 있다.

예수 그리스도는 어둠을 이기는 빛이시다(요 9:5). 그는 유일한 견고한 반석이시다. 당신이 그의 빛 안에서 행할 때, 하나님의 때 묻지 않은 초자연적 영광과 능력을 정말로 경험할 수 있다. 사도 야고보가 이렇게 썼다.

> 내 사랑하는 형제들아 속지 말라 온갖 좋은 은사와 온전한 선물이 다 위로부터 빛들의 아버지께로부터 내려오나니 그는 변함도 없으시고 회전하는 그림자도 없으시니라 그가 그 피조물 중에 우리로 한 첫 열매가 되게 하시려고 자기의 뜻을 따라 진리의 말씀으로 우리를 낳으셨느니라(약 1:16-18).

여러분이 어떤 사람을 사랑으로 대하고 영적 은사를 사용하며 예수님의 주권에 복종하고, 하나님의 인도를 구할 뿐만 아니라 기적을 위해 기도하여 그것을 받거나 어둠의 세력에 대해 승리를 쟁취할 때 예수님께서 여러분을 위해 쟁취하신 초자연적인 삶을 살고 있는 것이다. 여러분을 통해 하나님 나라가 어둠의 나라를 향해 침투해 들어가는 것이다.

우리는 전쟁지역에 살고 있다

전 세대에 걸쳐 빛과 어둠 간의 대결은 끊임없이 존재했다. 당신이 좋아하든 그렇지 않든 우리가 예수님께 생명을 바쳤을 때 전쟁지역에 다시 태어나게 된다. 그 전쟁에 이길 때 한 영혼, 혹은 나라 전체를 상으로 받게 될 것이다.

전쟁 상황 속에서 중립으로 남아 있을 수는 없다. 만약 여러분이 중립 상태로 있다면, 자동적으로 어둠의 세력에게 먹이가 되고 말 것이다. 그렇지 않더라도 최소한 혼란에 빠지고 방향 감각을 상실한 채, 올바르지 못한 베이스캠프에서 조언을 구하게 될 것이고 흔들거리는 기반 위에 자신의 삶을 세우려 들 것이다. 최악의 경우, 적진으로 넘어가 하나님의 사랑과 지혜에 완전히 등을 돌리고 영적인 모조품들을 신뢰하려 할 것이다. 빛과 어둠, 선과 악의 경계선이 모호할 때, 진정한 영성을 분별하는 것도 모호하게 될 것이고 그 결과 혼란과 냉담함에 빠져 아무런 관심도 가지지 않거나 반대로 초자연적인 세력과의 만남을 과도하게 갈구하게 될 것이다.

전쟁지역에 사는 것은 혼란스러울 수밖에 없다. 사람들이 악을 선하다 하고 선을 악하다 말한다. 세상뿐만이 아니라 교회 안에서조차 그렇다. 그러면서 사람들은 영매와 상담하거나 최근의 유사 기독교 철학을 받아들이기도 한다. 타로 카드를 읽는 법에 대한 강의를 듣거나 '죽음의 세계로 건너가서' 죽은 친척들을 만나 위로의 메시지를 가져오는 사람들의 불가사의한 행동을 지켜본다. 대중 연예인들은 '영적' 사안들에 자기 이름을 빌려줘서 팬들을 잘못된 길로 가게 한다. 결국 포용이라는 이름으로 점성가들과 점쟁이들 같은 새로운 이교도의 주술행위가 주류 사회에 들어오는 것을 허락하고 만다.

그래서 원래 '초자연'이라는 단어가 '자연적이고 관찰 가능하며 물리적인 세계를 넘어선'이라는 단순한 뜻을 가지고 있는데 이러한 상황들 속에서 그 진정한 의미가 오염되고 말았다. 뿐만 아니라 '초자연적인' 것들을 아예 받아들이지 않는 사람들은 복음 자체를 허구로 치부해 버리고 만다. 그들에게 있어 복음은 놀라울 정도로 초자연적인 내용으로 가득 차 있기 때문이다.

누가 이기는가?

성경의 끝을 읽어 보았다면 하나님께서 이 전쟁에 이기셨다는 사실을 이미 알고 있을 것이다. 갈보리에서 일어난 전투로 하나님의 아들이신 예수님의 희생을 통해 하나님께서는 결정적으로 인간을 마귀의 지배에서 해방시키셨을 뿐 아니라 사탄이 지배하고 있는 기반을 파괴하셨다. 인류를 향해 사탄이 세워 둔 기반은 교만, 반역, 불순종, 속임수, 어둠, 파괴를 통해 구축된 것이다. 그런데 이제 사탄은 영광의 왕과 싸워야만 한다. 이 왕은 아버지께 겸손히 순종하여 인간의 몸으로 모든 일을 행하셨고 모든 순간마다 순종하셨으며 빛을 밝히셔서 모든 거짓을 만 천하에 드러내셨으며 세상을 멸하는 대신 오히려 자신에게로 이끄셨다.

예수님께서는 사탄이 애써서 세워놓은 부패한 기반을 멸하셨다. 그는 마귀의 일들인 질병, 고통, 괴로움, 거절, 수치, 가난, 버려짐을 멸하셨고 이 모든 것을 영생으로 바꾸셨다. 이제 사람들은 더 이상 길 잃은 양 떼처럼 방황할 필요가 없다. 목자께서 원수로부터 자신의 양들을 구하러 오신 것이다. 그들을 자유케 하셔서 영원하신 하나님의 아들께 속한 모든 것을 믿음으로 받을 수 있도록 하셨다.

예수님께서 십자가에서 "다 이루었다(요 19:30)."라고 말씀하시며 자신의 영을 맡기신 것은 이 땅에서의 생명을 마치신 것 이상의 사건이었다. 그것은 오랫동안 지속되었던 체제의 완전한 파기였다. 어둠이 패배했다. 빛이 이겼다. 하늘과 땅 사이의 휘장이 둘로 찢어졌다. 사람들은 이제 구원의 목자를 따라 천국에 들어갈 수 있다. 그는 죽음에서 부활하여 지금은 흔들리지 않을 아버지 우편에 앉아 계신다. 또한 변호자로서 우리를 위해 늘 탄원하시며, 남은 반역자들이 굴복하기만을 기다리고 계신다. 모든 세대를 통틀어 그의 승리의 죽음과 부활의 결과로 이러한 일들이 이루어지게 될 것이다.[1]

예수님께서 제자들을 하늘의 대사로 세상에 보내시며 그의 주권을 선포하고 이를 드러나게 하셨을 때 하신 말씀을 기억하고 있는가?

> 예수께서 나아와 말씀하여 이르시되 하늘과 땅의 모든 권세를 내게 주셨으니 그러므로 너희는 가서 모든 민족을 제자로 삼아 아버지와 아들과 성령의 이름으로 침례를 베풀고 내가 너희에게 분부한 모든 것을 가르쳐 지키게 하라 볼지

---

1 이 내용은 다음과 같은 구절을 배경으로 한 것이다. 눅 2:51, 9:56, 22:53; 요 1:4-5, 9, 8:12, 3:17, 5:19-30, 14:30, 8:47; 마 16:23, 12:31-33; 눅 22:53; 행 10:38; 막 15:16-32; 히 4:15, 2:14-15, 2:9; 빌 2:7-8; 고전 2:6-8, 15:20-28; 골 1:13-14; 사 53:3-6; 시 110:1-2; 계 22:14

어다 내가 세상 끝 날까지 너희와 항상 함께 있으리라 하시니 (마 28:18-20).

십자가 때문에

그리스도의 십자가는 성도들이 예수 안에서 하나님 아버지와 올바른 관계에 들어가는 것을 가능하게 했다. 예수님의 의가 그들의 의가 되었고 이제 그들은 하나님과의 교제에 들어갈 수 있게 되었다. 하나님의 은혜 가운데 들어갈 수 있게 된 것이다. 사탄은 한 가지 큰 무기를 잃었다. 그리고 예수님을 믿는 사람들은 반역의 죄를 용서받았다(요 1:12을 보라).

하나님께서 단번에 이루신 세 가지를 살펴보자.

첫째, 사탄을 무찌르셨다(히 2:14).
둘째, 인류를 지배할 사탄의 합법적 권세를 빼앗으셨다.
셋째, 사탄이 인류에게서 훔쳐간 축복을 회복시키셨다.

그러나 사탄은 지금도 살아서 발악을 한다. 그는 항상 도둑이었고, 속이는 자이며, 거짓의 아버지이므로 '공정하게' 행동하지 않는다. 땅에 사는 하나님의 백성인 우리가 십자가의 승리를 집행하지 않는 한, 그는 결코 규칙대로 행동하지 않을 것이다.

사탄은 하나님의 백성, 즉 그리스도의 몸을 무지와 어둠과 연약함과 무능함과 분열 상태 안에 가두어 두려고 부단히 애쓸 것이다. 우리들 대부분이 인식하지 못하는 어떤 것을 사탄은 알고 있다. 바로 '우리를 통해' 하나님께서 그를 벌하실 것이라는 사실이다.

여러분과 나와 같은 평범한 사람들, 새 생명을 받아들였을 때 초자연적인 것이 자연스럽게 된 사람들을 통해서 사탄의 어둠이 빛 앞에 드러나게 될 것이다. 성도들의 공동체를 통해 하나님 나라가 땅 위에 확장될 때 사탄은 하루하루 그 기반을 상실할 것이다.

마귀의 일을 드러내고 멸하는 것이 예수님의 일이었고(요일 3:8) 이제 그 일이 세상에서 예수님을 대표하고 있는 우리의 일이 되었다. 성도들 개인이나 공동체를 통해 성령님께서는 십자가를 통해서 세상 가운데 임한 빛을 비추심으로써 어둠을 드러내신다. 우리는 예수 그리스도께서 이미 얻으신 승리를 믿음으로 집행한다.

우리의 짧은 생애 동안 모든 대적이 예수님의 발 아래 온전히 굴복하는 것을 보지 못하더라도 포기해서는 안 된다. 실패하면서 배우며 성장하고 새 생명과 함께 흘러가기를 멈추어서는 안 된다. 평범하기 그지없는 사람들이지만 우리 안에 거하시는 초자연적인 하나님과 함께 행하심

급히 소집된 법정이 그에게 십자가 사형을 선고하기까지는 오랜 시간이 걸리지 않았다. 그것은 로마에서 죄인을 고문하고 처형하는 방법이었다. 두 범법자 사이에서 긴 나무토막에 못 박힌 지 몇 시간 후 그는 죽었다. 애도하는 소수의 친구들이 유혈이 낭자한 그의 시신을 회수해 빌린 무덤에 장사했다. 사흘 후, 예루살렘 성이 그 일상의 삶을 회복했을 무렵 그의 무덤이 비어 있다는 사실을 알게 되었다. 몇 주 사이에 그는 여러 곳에서 목격되었고 죽음 전에 그를 알던 사람들과 대화를 나누었다.

그 일이 정말로 일어난 것이다. 그럴싸하게 꾸민 허구가 아니다. 아이들이 밤에 잠들 때나 읽는 그런 동화가 아닌 것이다. 이 사건은 정확한 역사적 기록이다.

마침내 그는 더 이상 사람들에게 나타나지 않으시고 그들 안에 성령을 보내어 친구들과 제자들, 그리고 우리를 포함해 후에 그를 믿는 모든 사람들을 떠나셨다. 예수님의 제자들은 지나간 과거를 뒤돌아보며 십자가의 깊은 의미를 깨닫게 되었다. 그들은 자연적이고 역사적인 사건들 속에 초자연적인 하나님께서 뜻하신 계획들이 스며들어 있음을 보았다. 놀라운 전환이 일어난 것이다.

예수님의 제자들은 십자가가 하늘과 땅의 교차점이 되었다는 사실을 보았다. 하늘과 땅 사이의 초자연적인 왕래가 그 교차점에서 자유롭게 이뤄질 수 있었고, 예수님을 믿는가? 여러분과 나는 그분 안에서 살고 호흡하며 존재한다(행 17:28). 우리를 자유케 하시는 하나님의 능력 안에서 행하는 것에 주의를 기울일수록 더욱 더 초자연적으로 사는 것이 자연스러운 삶이 될 것이다.

십자가를 자랑함

예수 그리스도의 십자가는 자연적 삶과 초자연적 삶의 교차점이다. 만약 내가 무언가를 자랑한다면 그 무엇보다 십자가의 깊은 의미와 능력을 자랑하고 싶다. 예수님의 십자가는 우리 구원의 중심이다. 그것이 없다면 인류 전체가 어둠 속에 쓰러지며 절망하고 무기력할 수밖에 없다. 십자가 때문에 참 빛이 그 빛을 발하게 되는 것이다.

예수님의 십자가 처형, 즉 하나님 아들의 죽음과 장사와 이어진 부활은 물리적이며 역사적인 사실이다(마 27장, 막 15장, 눅 23장, 요 19장). 설령 그 사건에서 초자연적 측면을 제거한다 하더라도 2천 년이 넘는 시간 전에 예루살렘 성에서 일어난 역사 속 실제 사건들임을 부인할 수는 없다. 예수님의 친구들과 제자들은 무슨 일이 일어났는지 상세한 기록을 남겼다.

나사렛 예수라는 사람이 당국자들에게 체포되었다. 황

께 동의하는 모든 사람은 특별한 제사장이나 선지자가 아니더라도 초자연적인 삶을 경험할 수 있게 되었다.

형벌을 평화로 바꿈

예수님의 십자가 처형 700년 전에 이사야 선지자가 메시야에 대한 놀라운 예언을 기록했다. 그 한 구절이 다음과 같다. "그가 찔림은 우리의 허물 때문이요 그가 상함은 우리의 죄악 때문이라 그가 징계를 받으므로 우리는 평화를 누리고(사 53:5)."

죄인 모두 각자가 받아야 할 형벌을 예수님께서 십자가 위에서 자신의 몸과 영혼에 받으셨다. 죄가 없고 결코 형벌을 받을 만한 분이 아닌 존재가 그것에 굴복하셔서 그가 행하신 일을 믿는 모든 이들을 위해 값을 치르신 것이다. 그분이 이미 값을 치르셨기 때문에 여러분과 나는 직접 그 대가를 치를 필요가 없다. 만약 그렇게 해야만 한다면 영원한 형벌을 받아야만 할 것이다.

형벌을 받으셨기 때문에 교환이 이루어지게 되었다. 평화, 화해, 용서가 혼란, 추방, 수치를 대신하게 된 것이다. 정말 좋은 소식이지 않은가?

질병을 치료하심

또 다른 변화에 대해 이사야가 언급한 내용이 있다. "그는 실로 우리의 질고를 지고 우리의 슬픔을 당하였거늘… 그가 채찍에 맞으므로 우리는 나음을 받았도다(사 53:4-5)." 마태가 이 구절을 직접 인용했고(마 8:17) 그의 동료 사도인 베드로도 그랬다(벧전 2:24). 예수님께서 채찍질과 구타를 감당하시고 십자가 처형을 당하셨을 때 그의 몸에 우리의 고통과 질병을 친히 지시면서 원래는 인간이 자연스럽게 짊어져야 할 것들이 초자연적인 치료와 회복을 받을 수 있는 요소들로 바뀌었다.

그래서 십자가에서 다음의 두 가지를 맞바꿀 수 있게 되었다.

첫째, 영적인 교환-형벌 대신 평화
둘째, 물리적 교환-질병 대신 치료

죄 대신 의

바울이 쓴 고린도후서에 성경적 진술이 또 있다. 바울은 십자가의 깊은 뜻을 이렇게 설명했다. "하나님이 죄를 알지도 못하신 이를 우리를 대신하여 죄로 삼으신 것은 우리로 하여금 그 안에서 하나님의 의가 되게 하려 하심이라(고후 5:21)."

모세는 이 사건에 대해 이미 예표한 적이 있다. 이스라엘 백성이 독사에 물려 죽어갈 때 하나님께서 모세에게 말씀하시기를 놋뱀을 만들어 장대에 높이 달아서 사람들이 그것을 보고 죽음의 형벌을 죽음으로부터의 안전으로 바꾸게 하라고 하셨다(민 21:4-9). 요한이 그 사건들을 집약해서 요한복음에 이렇게 썼다. "모세가 광야에서 뱀을 든 것 같이 인자도 들려야 하리니 이는 그를 믿는 자마다 영생을 얻게 하려 하심이니라(요 3:14-15)."

사도 요한은 이러한 교환 사건이 죄성으로 말미암는 죄악된 행동 모두에 적용된다는 사실에 대해 분명히 말한 적이 있다(요일 1:8-10). 십자가가 의미하는 것 중 놀랄 만한 부분은 예수님께서 우리의 죄들을 사하기 위해서만 돌아가신 것은 아니라는 점이다. 예수님께서는 우리의 죄성, 그 자체를 타격하여 우리가 당신의 의를 받아들이는 것이 가능하도록 하기 위해 오신 것이다.

십자가 위에서 인간의 질병에 대한 문제를 해결하신 예수님께서는 자신이 지닌 건강으로 우리 역시 온전해질 수 있도록 하셨다. 아들이 상함을 받고(사 53:10) 구타를 당해 병들게 하신 것(미 6:13)이 아버지의 뜻이었던 것이다. 거룩하신 하나님께서 그렇게 되도록 정해 놓으셔서 죄악 가운데 반항을 일삼는 인류가 하나님과 화목할 수 있도록 하셨다. 이사야는 이를 두고 "그의 영혼을 속건 제물로 드리기에 이르면(사 53:10)."이라고 말했다.

저주 대신 축복

예수님께서 십자가 위에서 우리의 죄로 인한 저주를 받으시고 우리에게는 축복을 허락하셔서 영적, 신체적, 정신적, 정서적 공급을 통해 온전해질 수 있도록 하셨다. 예수님의 몸이 십자가에 달린 장면을 관찰해 보면 우리의 반역과 그 결과를 자신의 것으로 받아들이셨다는 사실을 발견할 수 있다. 그리고 부활하신 예수님의 몸은 그가 우리를 위해 승리하셨음을 나타내 준다. 예수님의 이름을 믿는 사람은 누구든지 그들이 시작한 저주를 하나님 아버지의 완전한 지지와 축복으로 바꿀 수 있다.

하지만 아직도 많은 그리스도인들이 마땅히 축복을 누려야 할 때인데도 저주를 견디고 있다. 그들은 열매 없음, 부족, 좌절, 실패, 패배, 속박, 가난, 두려움, 신체적 및 정신적 질환들과 씨름하고 있다(신 28:15-68). 만약 여러분이 그리스도 예수와 함께 하늘에 앉은 새로운 언약의 성도라면(엡 1:20), 열매 맺음, 풍성함, 보호, 방향, 승리, 성공, 거룩함, 존귀, 다스림의 축복을 누릴 것을 기대할 수 있다(신 28:1-14).

우리에게는 모든 율법을 항상 완벽하게 지킬 수 있는 능력이 없기 때문에 저주를 받게 되었다(갈 3:10). 그러나 우리가 하나님의 율법을 어겨서 받아야 했던 저주를 예수 그리스도께서 친히 받으시면서 그리스도의 순종하심으로 이에 따른 축복을 우리가 받을 수 있게 된 것이다.

우리 자신의 힘으로는 우리 가운데 완전하게 행할 수 있는 사람은 아무도 없지만 예수님의 완전한 순종 안에서 행할 수 있게 되면서 축복이 저주를 대신하게 되었다. 그래서 성경은 "자기 이름을 위하여 의의 길로 인도하시는도다…내 평생에 선하심과 인자하심이 반드시 나를 따르리니(시 23편 3, 6절)."라고 말씀하신다.

예수님을 믿는 믿음이 우리를 완전히 낫게 하고(행 3:16) 형벌과 상급을 완전히 뒤바꾸어 놓는다(사 52:13-15와 요삼 2장을 보라).

가난 대신 부귀

바울은 예수님께서 우리를 위해 바꾸신 엄청난 변화에 대해 다음과 같이 말했다.

"우리 주 예수 그리스도의 은혜를 너희가 알거니와 부요하신 이로서 너희를 위하여 가난하게 되심은 그의 가난함으로 말미암아 너희를 부요하게 하려 하심이라(딤후 8:9)."

이러한 전환이 가능하게 하는 은혜의 통로는 단 하나이다. 바로 십자가로 인한 예수님 자신인 것이다.

그분이 주시는 풍성한 공급으로 인해 우리가 기쁨과 즐거움으로 하나님을 섬기게 하는 것이 하나님의 뜻이다(신 28:47). 그런데 그 대신 우리들 중 많은 사람들이 굶주림과 목마름과 헐벗음과 가난 속에서 적을 섬기는 데 안주하고 있다(신 28:48 참조).

그러나 십자가의 이런 아름다운 "교환방식" 때문에 하나님께서는 우리에게 풍성한 은혜를 내려주신다.

"하나님이 능히 모든 은혜를 너희에게 넘치게 하시나니 이는 너희로 모든 일에 항상 모든 것이 넉넉하여 모든 착한 일을 넘치게 하게 하려 하심이라(딤후 9:8)."

궁핍함 대신 공급을, 결핍 대신에 풍성함을, 가난 대신 부를 주시는 것이다. 이것이야말로 예수님께서 십자가에서 행하신 가장 '주되고 명백한' 업적인 것이다.

3중 죽음 대신 3중 생명

예수님께서 십자가에서 죽으신 것은 "하나님의 은혜로 말미암아 모든 사람을 위하여 죽음을 맛보려 하심(히 2:9)."이었다. 예수님은 연속되는 세 개의 단계로 죽음을 맛보셨다.

첫째, 아버지와의 연합 및 친교가 끊어졌다.
둘째, 육체적 생명이 끊어졌다.
셋째, 아사셀 염소처럼 하나님의 임재로부터 추방되어 죄를 지고 가셨다.[2]

예수님께서 십자가에 못 박히시기 전까지는 아버지와 아들 사이의 친교는 단 한순간도 손상되지 않았다. 그런데 예수님께서는 갑자기 더 이상 아버지의 임재를 듣거나 감지할 수 없게 되셨다. 아버지께서는 죄를 보실 수 없으시기 때문에 아들을 향해 눈을 감으신 것이다. 하나님의 아들이 인류의 축적된 죄로 인해 아버지 눈앞에서 멸절되고 있었다.

---

2 다음과 같은 구절을 바탕으로 십자가의 능력을 정리해 보았다. 요 6:57, 10:30; 마 27:46; 사 59:1-2; 합 1:13; 마 27:50; 레 16:22; 시 6:8-11, 71:20-21, 88; 엡 4:9; 행 2:25-31; 벧전 3:18-19, 4:6

우리를 접붙임 받게 하기 위해 예수님께서 단절되셨다. 예수님은 십자가에 못 박히시고 장사되신 후 음부에 내려가셨지만 다시 부활하셔서 우리의 구속을 완성하셨다. 그로 인해 교환 사건이 이뤄졌고 이로 인해 모든 성도들이 받게 되는 선물도 3중이다.

첫째, 하나님과의 연합 및 친교
둘째, 우리의 죽을 몸 안에 있는 물리적 부활의 생명
셋째, 하나님의 영광스러운 임재 안의 부활과 영생[3]

옛 사람 대신 새 사람

예수님께서 십자가에 달리셔서 우리의 옛 인간적 속성이 처형되었다. 그 속성이 죽어 사라지고 난 후 새로운 초자연적인 생명으로 부활했다. 여러분에게 있어 "새 사람"이 누구인지 알기 원하는가? 그것은 여러분의 믿음에 의해 여러분 안에 살고 계시는 그리스도 예수이시다.

여러분이 조상 아담에게서 물려받은 옛 본성은 천성적

---

3 죽음과 바꾼 인생에 대한 내용은 다음과 같은 구절을 참고로 했다. 롬 6:23, 8:11; 고전 6:17, 15:51-54; 요일 1:3; 히 13:5; 고후 4:10-11; 살전 4:17; 계 21:1-5

으로 죄성을 가졌지만 그것이 새로운 것으로 대체된 것이다(롬 6:6, 8:10, 골 2:11, 갈 5:17-24). 우리가 예수님께 "예"라고 말씀드린 순간부터 예수님의 생명이 흐르고 있다. 그리고 예전의 속박을 자유와 바꾸었다. 이제 여러분은 하나님 나라에 속한 것들을 갖는다. 또한 은혜를 소유하게 되었다. 이제 여러분은 힘을 가졌다. 지혜도 가지게 되었다. 순종하는 생각과 자원하는 마음으로 가득하게 되었다.

이 얼마나 놀라운 변화인가!

마귀의 패배, 십자가

예수 그리스도의 십자가 때문에 우리는 초자연적인 삶을 살 수 있게 되었다. 이러한 초자연적인 삶을 살 수 있게 된 것은 우리가 과거에 마귀 밑에서 살았었지만 이제는 마귀가 쫓겨났기 때문이다(요 12:31). 이제 우리에게 새로운 기반이 생겼고, 이렇듯 썩어 버리고 죄로 물든 기반을 예수 그리스도의 의라는 견고한 기반으로 바꾸었기 때문에 초자연적인 삶이 가능하게 되었다.

예수 그리스도께서 십자가에서 이루신 일을 통해 인류의 모든 구성원이 예수 그리스도의 의를 받고 하나님과의 친교 및 은혜 속으로 들어가는 것을 가능해졌다. 그것을 받아들이는 사람은 사탄이 하나님과 사람을 대적해 사용하던 큰 무기를 빼앗는다. 사탄은 강탈당했고 수치를 당했다. 예수님께서 "통치자들과 권세들을 무력화하여 드러내어 구경거리로 삼으시고 십자가로 그들을 이기셨느니라(골 2:15)."라고 성경은 말씀하고 있다.

사탄의 주된 무기는 언제나 참소였다. 십자가 사건 이전에는 그가 참소할 만한 근거가 실제로 있었다. 그러나 이제는 아무런 근거 없이 마귀는 여전히 그런 척 가장하고 있을 뿐이다. 만약 일정 인원의 사람들이 충분한 시간 동안 이러한 거짓을 믿으면 마귀는 계속해서 그럴듯하게 보이게 할 수 있다. 그러나 어떠한 술수를 쓰더라도 자신의 패배를 되돌릴 길은 없다. 사탄이 인류에게서 빼앗은 축복을 하나님께서 회복시키셨고 마귀는 그저 이에 간섭하려는 시도만 할 수 있을 뿐이다. 마귀와 그의 군대는 사람들이 정죄당하는 상태에 묶어 두려고 애만 쓸 뿐이다. 이것이 가능한 이유는 아직도 일부 사람들이 살아계신 하나님의 자녀라는 자신의 신분에 무지하기 때문이다.

새 생명의 특권 안에서 행하기

십자가는 마귀의 패배를 의미한다. 그리고 예수님의

이름을 부르는 모든 사람들에게는 승리를 의미한다. 예수님께서 십자가의 죽음과 부활로 얻으신 승리에 우리가 동참함으로써, 우리는 영광스러운 특권과 영원하고 초자연적인 생명의 축복에 동참하게 되었다.

세상에서 그리스도의 대사가 되는 것은 영광스러운 일이다. 우리의 삶을 통해 그리스도의 영광이 빛나게 하는 것이야말로 우리의 기쁨이다. 그리고 가는 곳마다 하나님 나라의 표적들을 나타내는 것은 우리가 가진 특권이다. 예수님께서 말씀하셨다.

> "믿는 자들에게는 이런 표적이 따르리니 곧 그들이 내 이름으로 귀신을 쫓아내며 새 방언을 말하며 뱀을 집어올리며 무슨 독을 마실지라도 해를 받지 아니하며 병든 사람에게 손을 얹은즉 나으리라 하시더라(막 16:17-18)."

이 표적들은 모두 초자연적이다. 그리고 이 모두가 우리가 태어날 때부터 가진 권리의 일부이다. 변함 없으시고 초자연적인 하나님께서 이 모든 것이 우리에게 가능하도록 회복시켜 주셨다. 거듭남을 경험하고 성령으로 충만한 예수 그리스도의 제자에게 주기 원하시는 이 모든 것을 두 손을 내밀어 받으라.

되돌아보기

예수 그리스도를 믿는 사람들은 천국 시민이 되었으므로 초자연적인 삶은 모든 그리스도인이 갖는 권리의 일부가 되었다.

1. 어둠의 나라에 관여했던 잘못 때문에 염려하고 있는가? 어떻게 하면 그것을 끊을 수 있겠는가?

2. 예수님께서 십자가에서 이루신 세 가지는 무엇인가?

3. 십자가는 자연적 생명과 초자연적 생명이 교차하는 지점이다. 십자가에서 의미 깊은 교환이 이뤄졌다. 그 교환의 여덟 가지 측면을 열거하라.

2장
역동적인 성령님

성경 해석의 한 가지 중요한 원리는 '첫 번째 언급의 법칙(the Law of First Mention)'이다. 즉, 어떤 것이 성경에 처음 언급되었던 내용에 대한 특별한 주의가 필요하다는 뜻이다. 그 이후에 등장하는 '언급들'은 첫 번째 언급에 비추어 해석할 필요가 있기 때문이다.

성령이 성경의 어디에서 처음 언급되는가? 성경 첫 장의 두 번째 절에 등장한다. 그것은 우리에게 매우 익숙한 구절이다. "땅이 혼돈하고 공허하며 흑암이 깊음 위에 있고 하나님의 영은 수면 위에 운행하시니라(창 1:2)."

하나님의 영이 성경에 처음 언급된 때에 무엇을 하고 계셨는가? 운행하셨다. 그는 움직이고 계셨다. 그는 활동하셨다. 그는 역동적이셨다. 사전에서 '역동적'이라는 것을 이렇게 정의한다. "지속적이고 생산적인 활동이나 변화의 특징을 갖는 것."

성경 구절에서는 그 운행이 창조 후 멈췄다거나 그것이 역사적으로 단 한 번의 특별한 운행이었다고 말하지 않는다. 그렇다. 어제나 오늘이나 영원토록 동일하신 성령께서는 그때도 운행하셨고 지금도 운행하고 계신다. 성경에서는 성령을 바람에 비교한다. 바람은 우리 눈에 보이지 않지만 항상 한 장소에서 다른 장소로 움직인다 (요 3:8).

그런데 애석하게도 대부분의 교회는 성령을 그렇게 여기지 않는 것 같다. 사도신경에서도 성령이 너무 간단히 언급되기 때문에 교인들이 성령을 등한시 하는 것일 수도 있다. 사도신경에서 우리는 아버지와 아들에 대한 많은 세부사항을 반복해서 말한다. 그러나 성령에 대해서는 '성령을 믿사오며'라는 구절만이 존재할 뿐이다. 그것이 전부이다. 그러니 우리가 성령을 도외시하는 것도 당연하다.

우리가 하나님을 안다고 주장하고, 예수님을 사랑한다고 말할 수 있지만, 신성의 세 번째 위격인 성령에 대해서는 어떤가? 그에 대해 모호한 태도를 가지고 있지는 않은가? 우리는 인격이라는 것을 잊고 있다. 그분을 '그 것'이라고 부르고 그분에게 기도도 하지 않는다. 그분이 행하시는 일에 대해 그분께 공로를 돌리는 것도 잊는다. "그가 고스트(영)라고? 꼬마 유령 캐스퍼에 나오는 것처럼 착한 고스트라고?" 성령님에 대한 이해가 얼마나 전무한지 확연하게 드러나지 않는가?

물론 '고스트'라는 단어는 '영'과 같은 뜻이고 '킹 제임스(K.J.V.)' 성경이 기록된 시대에는 흔히 사용된 용법이었다. '영'이라는 단어는 우리 삶 속에서 성령의 역동적이고 초자연적인 임재를 경험하게 해주는 연결점이 된다. 왜냐하면 우리 영을 통해 항상 성령님을 만날 것이기 때문이다. 초자연적인 삶을 사는 것은 우리의 영과 성령님의 소통에 대한 내용도 포함한다.

성령님과 관계 맺기

성령께서 우리의 삶을 통해, 그리고 우리의 영 위에 운행하실 때, 태초에 그러셨던 것처럼 혼돈으로부터 질서를 창조하신다. 이것이 그분의 일이다. 그는 어둠 속에 운행하기를 좋아하시며, 바로 그곳이 성령님을 가장 필요로 하는 곳이다.

이러한 성령의 역동적인 운행에 우리의 영으로 동참할 수도 있고, 아니면 성령으로부터 멀어져서 우리가 나온 어둠 속으로 돌아갈 수도 있다. 그것은 우리의 선택에 달려 있다.

나는 여러분 모두가 성령님을 향해 나아가고 성령님과 함께 움직이기 위해 이 책을 읽고 있다고 생각한다. 그렇다면 성령님과 관계하는 다양한 방법들을 살펴보도록 하겠다. 긍정적인 측면도 있을 것이고 부정적인 측면도 있다.

성령님께 대한 긍정적 반응들

초자연적인 삶을 살려면 성령님의 친구가 되어야 한다. 그렇다고 해서, 너무 편한 나머지 아무렇게나 대해도 된다는 것은 아니다. 성령님을 항상 존귀하게 여겨야 한다. 그분은 하나님이시다. 그러나 성령님께서는 우리와 관계를 맺기 원하시며, 우리는 그분이 바라시는 대로 응답해야 한다.

그분을 취하라. 그분을 구하라. 성령님께서 여러분을 구비시켜 주시기를 구하라. 그분은 우리에게 임하기 원하시며 채워 주고자 하신다. 성령으로 여러분을 준비시켜 주셔서 부르신 사역을 감당할 수 있게 해주실 것을 아버지께 예수님의 이름으로 간구하라. 매일 성령님을 환영하라.

그를 손님으로 존중하라. 성령님을 친근하게 환영하고, 삼위일체의 한 위격이자 여전히 오늘날에도 이 땅 가운데 거하시는 삼위일체의 한 분으로 인정하라. 성령님이 여러분에게 오셨으므로 그분을 환영하고 여러분의 집에서 가장 좋은 자리를 내어 드리라. 그분은 뚜렷한 독립된 위격을 가지신 분으로서, 여러분을 인도하러 오셨다(요 16:13).

예수님은 떠나셔야 하지만 아버지께서 우리에게 또 다른 보혜사, 즉 성령님을 보내실 것이라고 약속하셨다. 성령님은 우리 곁에서 우리를 돕도록 부름받으셨다(요 14:16, 26, 15:26, 16:7). 그분의 임재를 갈망하여 그분을 환영하라. 성령님이 오신 것을 즐거워하라.

성령님께서 마음껏 행하시도록 자유를 드리라. 성령님께서 여러분의 삶을 통제하시게 하라. 만일 여러분이 초자연적인 삶을 살고 싶다면, 성령님께 주권을 내드리라.

성령님께서 우리의 삶을 통제하실 수 있도록 자유를 드리면, 우리가 통제받던 다른 모든 것에서부터 자유로워지게 될 것이다. "주는 영이시니 주의 영이 계신 곳에는 자유가 있느니라(고후 3:17)." 이와 반대로 여러분의 삶 속에서 성령님께 자유를 드리지 않으면 아무리 애써도 참 자유를 발견하지 못할 것이다.

많은 성도들이 "성령님께 열려 있다고" 말하지만, 나는 성경 어디서도 그런 구절을 발견하지 못했다. 내가 분별하는 바로는, 하나님께서는 우리가 단지 하나님께 '열려' 있는 것을 바라시는 것이 아니다. 사람들은 성령님께 마음을 열어 드리는 것을 하나님께 무슨 큰 호의나 베푸는 것으로 생각하지만 그것은 그저 첫 단계에 불과하다. 그리고 그것만으로는 충분하지 않다.

열정을 가지고 행동을 취해야 한다. 계속해서 성령을 추구해야 하며 성령의 은사들을 간절히 갈망하는 마음으로 불러일으켜야 한다(고전 12:31, 14:1, 딤후 1:6).

성령으로 거듭나라. 니고데모가 예수님과 얘기를 나누러 왔을 때 어떻게 "거듭나야 하는 것인지" 모르자 예수님께서 이렇게 설명하셨다.

"예수께서 대답하여 이르시되 진실로 진실로 네게 이르노니 사람이 거듭나지 아니하면 하나님의 나라를 볼 수 없느니라 니고데모가 이르되 사람이 늙으면 어떻게 날 수 있사옵나이까 두 번째 모태에 들어갔다가 날 수 있사옵나이까 예수께서 대답하시되 진실로 진실로 네게 이르노니 사람이 물과 성령으로 나지 아니하면 하나님의 나라에 들어갈 수 없느니라 육으로 난 것은 육이요 영으로 난 것은 영이니 내가 네게 거듭나야 하겠다 하는 말을 놀랍게 여기지 말라 바람이 임의로 불매 네가 그 소리는 들어도 어디서 와서 어디로 가는지 알지 못하나니 성령으로 난 사람도 다 그러하니라(요 3:3-8)."

성령님께 가장 긍정적으로 반응하는 방법은 바로 성령님께서 주시는 새 생명을 받는 것이다. 성령으로 거듭나라. 우리는 영의 사람이다. 우리는 위로부터 태어났다. 살아계신 하나님의 영으로부터 태어난 것이다.

성령을 받고 성령의 침례를 받으라. 물 침례를 받으면 젖게 되어 있다. 물이 흠뻑 스며들기 때문이다. 성령의 침례를 받으면, 성령이 스며든다.

선지자 세례 요한이 말했다.

"나는 너희로 회개하게 하기 위하여 물로 침례를 베풀거니와 내 뒤에 오시는 이는 나보다 능력이 많으시니 나는 그의 신을 들기도 감당하지 못하겠노라 그는 성령과 불로 너희에게 침례를 베푸실 것이요(마 3:11)."

세례 요한은 사촌 예수님을 염두에 두고 이런 언급을 한 것이었다. 요한은 자신이 곧 예수님께 물 세례를 행할 것이지만 예수님은 성령으로 세례를 주실 분임을 알았다.

예수님께서 제자들을 떠나실 때, 약속된 성령을 기다리라고 하셨다. 성령께서 그들에게 능력을 주사 하나님 나라의 표적과 일을 수행하게 하실 것이었다.

"오직 성령이 너희에게 임하시면 너희가 권능을 받고 예루살렘과 온 유대와 사마리아와 땅 끝까지 이르러 내 증인이 되리라 하시니라(행 1:8)."

성령님 없이 성령의 일을 하려고 하지 말라! 그분을 모셔 들이라.

계속해서 성령 충만을 받으라. 성령을 받는 것은 일회성이 아니다. 성탄절이나 부활절이나 오순절에만 받는 것이 아니다. 그것은 지속적인 일이다. 우리는 계속해서 성령으로 충만해져야 한다. 그 이유는 매우 간단하다. 그분의 능력은 새어나가기 때문이다! 가는 곳마다 하나님의 영광을 전달하기 때문에 우리는 다시 채워져야 하고, 이 과정은 지속적으로 이루어져야 한다.

바울이 에베소 교회에 이렇게 편지를 썼다. "술 취하지 말라 이는 방탕한 것이니 오직 성령으로 충만함을 받으라(엡 5:18)." 여기에서 '충만'이라는 단어는 헬라어 원어로 계속해서 채워지고 다시 채워진다는 의미를 담고 있다.

성령님을 알라. 그리고 보라. 세상은 성령님을 알거나 보지 못한다. 그러나 우리는 할 수 있다. 왜냐하면 그분이 우리와 함께 사시고, 우리 안에 사시기 때문이다. 예수님께서 그것을 이렇게 설명하셨다.

> "내가 아버지께 구하겠으니 그가 또 다른 보혜사를 너희에게 주사 영원토록 너희와 함께 있게 하리니 그는 진리의 영이라 세상은 능히 그를 받지 못하나니 이는 그를 보지도 못하고 알지도 못함이라 그러나 너희는 그를 아나니 그는 너희와 함께 거하심이요 또 너희 속에 계시겠음이라 내가 너

희를 고아와 같이 버려두지 아니하고 너희에게로 오리라(요 4:16-18)."

예수님께서 아버지께 간구하셨다. 우리에게 성령님을 보내주셔서 우리가 눈먼 채 갈피를 못 잡고 방황하지 않게 해달라고 하신 것이다. 우리 안에 계신 성령님으로 말미암아 우리는 정말로 하나님을 알 수 있고 정말로 말 그대로 "보는 사람"이 될 수 있다. 그것은 우리가 거듭난 신자로서 해야 할 것 중 하나이다. 우리는 정말로 성령님을 알 수 있고 경험할 수 있다. 성령님은 아들 하나님을 반영하신다. 그리고 성령님은 아버지 하나님처럼 행동하신다. 성령님은 우리의 상담자가 되시고, 우리에게 진리를 깨우쳐 주신다.

성령님의 인도를 받으라. "인도를 받으려면" 인도자인 리더가 있어야 한다. 우리의 리더는 노새나 황소나 노예처럼 부리지 않는다. 리더는 이끌고 우리는 따라간다. 이것이 기본이다.

로마서 8장 14절에서 "무릇 하나님의 영으로 인도함을 받는 사람은 곧 하나님의 아들이라"고 말씀한다. 왕의 자녀는 정체성에 대한 확신이 있다. 그 신분을 얻기 위해 별다른 공로를 세워야 하는 것이 아니다. 왕의 자녀들은 부당한 압력 없이도 왕이 원하는 것을 자유롭게 따르는 존재들이다. 성령님의 인도는 마치 무도회에서 춤을 리드하는 것과 같다. 우리가 해야 하는 것이 있다면 그가 이끄시도록 허락하는 것뿐이다.

하나님의 성령으로 인도함을 받는 것은 종교의 인도를 받는 것과 다르다. 만일 종교가 우리를 이끌어가게 허락한다면, 규칙과 율법에 휘둘릴 것이다. 그러면 정치적 영의 영향을 받을 것이고 자유로워지는 대신 점점 더 속박당할 것이다.

성령으로 기도하라. 우리는 성령님께 뭔가를 말하는 방식을 통해 그분께 반응한다. 우리는 기도하고 성령님과 대화해야 한다. 성령 안에서 기도해야 한다 "사랑하는 자들아 너희는 너희의 지극히 거룩한 믿음 위에 자신을 세우며 성령으로 기도하며(유 1:20)."

성령으로 기도하는 가장 좋은 방법 중 하나는 방언 기도이다. 우리는 이 은사를 재발견할 필요가 있다. 성령으로 기도하면 자신의 이성적 이해의 한계를 벗어날 수 있다. "너는 마음을 다하여 여호와를 신뢰하고 네 명철을 의지하지 말라(잠 3:5)." 또 이런 잠언의 말씀이 있다. "너는 범사에 그를 인정하라 그리하면 네 길을 지도하시리라(잠 3:6)."

성령님께 반응하고 성령님을 인정하고 성령으로 기도하라. 그러면 성령께서 가야 할 바로 그곳으로 그리고 정확한 방법으로 인도하실 것이다.

성령님의 음성을 들으라. 히브리서 기자는 시편을 인용하여 성령님께 귀 기울이고 자발적인 순종으로 응답하라고 한다(히 3:15). 그리고는 시편 95편의 말씀을 인용한다.

> 오라 우리가 굽혀 경배하며 우리를 지으신 여호와 앞에 무릎을 꿇자 그는 우리의 하나님이시요 우리는 그가 기르시는 백성이며 그의 손이 돌보시는 양이기 때문이라 너희가 오늘 그의 음성을 듣거든 너희는 므리바에서와 같이 또 광야의 맛사에서 지냈던 날과 같이 너희 마음을 완악하게 하지 말지어다 그 때에 너희 조상들이 내가 행한 일을 보고서도 나를 시험하고 조사하였도다(시 95:6-9).

성령님의 음성이 항상 들리진 않겠지만 언제나 성령님께 귀 기울여야 한다. 그분의 음성을 놓치지 말라.

성령 안에 행하라. "성령 안에 행하는 것"은 초자연적인 삶을 사는 것, 성령이 충만한 삶을 사는 것, 성령님께서 인도하시는 삶을 사는 것이다. 매순간 성령님의 인도에 따라 행할 때 죄를 피하게 될 것이다.

> "내가 이르노니 너희는 성령을 따라 행하라 그리하면 육체의 욕심을 이루지 아니하리라(갈 5:16)."

성령 안에 행하는 것은 성령님께 긍정적으로 반응하는 모든 것을 포함한다. 성령님을 찾고 존중하는 것, 성령께서 자유롭게 다스리시게 하는 것, 성령 세례를 받고 계속해서 성령으로 충만해지는 것, 성령을 알고, 보고, 그분의 음성을 듣고, 성령님의 인도를 받는 것, 기도로 성령님과 대화하는 것이다.

성령 안에서 행하는 것에 대해 정의를 내릴 때 "주와 동일하게 흘러가서 그림자가 두 개 생기지 않게 하는 것"이라고 말하곤 하는데 바로 이것이 성령 안에서 살고 행하는 것이다.

성령께 대한 부정적 반응들

성경에서 성령님이 예수님 위에 비둘기 형태로 임하신 것을 찾아 볼 수 있다(마 3:16). 세례 요한은 비둘기가 내려와 머물러 있는 것을 보았다고 증언했다(요 1:32).

비둘기는 수줍음을 많이 타기로 유명하다. 비둘기는 위협받는다고 느끼는 곳에 머물지 않는다. 성령님께서 임하셔서 우리 가운데 머무시길 그토록 원하고, 아무리 많은 "성령 강림 집회"에 참석하더라도 성령님을 환영하는 분위기를 조성하는 데 실패한다면 성령님께서 우리에게 오래 머무를 것을 기대할 수 없다. 성령님께서 강림하실 때마다 항상 내게 머무시기를 바란다. 성령님께서 머무시는 옷걸이가 되길 바란다! 성령님께서 강림해 머무셨던 예수님처럼 되길 원하는 것이다.

성령님의 비둘기를 모시기 원한다면 피해야 할 것들이 있다.

무지하지 말라. 우리에게 주어진 풍성한 자원을 간과하지 말라. 진리의 말씀을 옳게 분별하는 데 인정된 자로 자신을 하나님 앞에 드리기를 힘쓰라(딤후 2:15). 여러분은 성령님에 대해 공부해 본 적이 있는가? 성령님의 본질에 대해서 알고 있는가? 성령님의 열매와 은사에 대해 배운 적이 있는가? 성령의 사역에 대해서는 어떠한가?

바울은 그의 서신서들에서 '무지하다'라는 단어를 열세 번 사용한다. 이는 성도가 무지하기를 바라지 않는다는 것을 보여준다. 예를 들어 고린도를 향해 쓴 편지에서 그는 말한다. "형제들아 신령한 것에 대하여 나는 너희가 알지 못하기를 원하지 아니하노니(고전 12:1)." 평생 배우기를 힘쓰고 무지를 피하라. 베다니의 마리아처럼 되라. 예수님 발 앞에 앉아서 할 수 있는 모든 것을 흡수하라.

성령을 근심시키지 말라. 다음의 성경 구절에 익숙한 사람들이 많겠지만 이에 대해 진지하게 받아들이고 있는 사람은 얼마나 되는가?

무릇 더러운 말은 너희 입 밖에도 내지 말고 오직 덕을 세우는 데 소용되는 대로 선한 말을 하여 듣는 자들에게 은혜를 끼치게 하라 하나님의 성령을 근심하게 하지 말라 그 안에서 너희가 구원의 날까지 인치심을 받았느니라 너희는 모든 악독과 노함과 분냄과 떠드는 것과 비방하는 것을 모든 악의와 함께 버리고(엡 4:29-31).

가끔씩 분노가 담긴 말을 한 적이 있는가? 원한이나 원망을 품고 있는가? 듣는 사람의 마음을 찢어놓고 수치와 두려움을 안겨주는 말을 하지는 않는가? 불평하거나 투덜거렸던 적은? 불신을 표현한 적은 있었는가? 성령님을 근심시키는 주된 방법 중 하나는 우리의 말 때문인 경우가 대부분이다.

하지만 이러한 모든 태도를 바꿀 수 있다. 이것은 내가 씨름하는 주된 이유이기도 하다. 나는 성령님께서 근심하시는 비둘기가 되시는 것을 원하지 않는다. 여러분 역시 마찬가지일 것이다. 그리고 감사와 찬양이 넘치기를 원한다. 내 안에 용서와 관용이 넘쳐나길 원한다. 다른 사람들에 대해 칭찬하고 험담하거나 비난하지 않기를 원한다. 성령님의 도움으로 정결한 마음을 갖고 온전한 말, 생명을 주는 말을 함으로써 성령님께서 내 안에 머물러 계시는 것을 기뻐하시기만 바란다.

성령을 소멸하지 말라. 데살로니가전서 5장 19절도 우리에게 친숙한 구절이다. "성령을 소멸하지 말며." 영어 성경 중 "NIV(New International Version)"에서는 이렇게 번역한다. "성령의 불을 끄지 말라." 하지만 개인적으로는 이렇게 번역하고 싶다. "찬물 끼얹는 사람이 되지 말라."

오히려 즐거워하는 자들과 함께 즐거워하며(롬 12:15) 성령님께 반대하지 말고 그분과 발을 맞추라. 성령의 빛이 당신을 통해 빛나게 하라. 성령을 소멸하지 말라.

성령을 모독하지 말라. 강력한 말씀이다. 그래서 "용서받을 수 없는 죄"에 대한 많은 지나친 염려가 생기기도 했다. 이것과 관련된 구절이 복음서에 세 번 나타난다. 마태복음 12장 31-32절, 마가복음 3장 28절-29절, 누가복음 12장 10절이 바로 그것인데 그 모든 곳에서 예수님께서는 예수님이나 아버지를 거슬려 말하는 자들은 용서하시겠지만, 성령을 저주하는 것은 다르다고 말씀하셨다.

'신성모독하다(blasphem)'라는 단어가 문자적으로 의미하는 것은 '저주하다' 혹은 어떤 사람에 대해 악하게 말한다는 것이다. 사람들은 예수님과 하나님의 이름을 하루 종일 헛되게 말한다. 이러한 행위가 옳지는 않지만, 용서받을 수는 있다. 그러나 성령의 이름을 부인하면, 하나님의 모든 것이 막힌다. 불신에 빠지는 것이며 생명의 원천을 부인하는 것이 된다.

예수님이 '바알세불'이라는 귀신의 힘으로 역사를 일으킨다고 바리새인들이 비난했을 때, 그것은 바로 성령님을 모독한 것이었다(마 12:24). 그 신성모독은 예수님의 능력의 원인을 성령이 아닌 마귀에게 돌리고 있었다. 예수님께서 말씀을 통해 이러한 사실을 분명히 밝히셨다. "누구든지 성령을 모독하는 자는 영원히 사하심을 얻지 못하고 영원한 죄가 되느니라 하시니 이는 그들이 말하기를 더러운 귀신이 들렸다 함이러라(막 3:29-30)." 다시 정리를 하자면, 성령님을 거스르거나 성령에 대해 악하게 말하지 말라. 그런 흉내도 내지 말라.

성령을 모욕하지 말라. 만약 우리가 어떤 사람을 모욕하면 그 사람은 어떻게 반응하는가? 여러분 앞을 떠나고 싶을 것이다. 그렇다면 여러분 자신이 모욕을 받으면 어떻게 하는가? 최대한 빨리 그 자리를 벗어나려 할 것이다. 거기 머물러 있다 하더라도 세상과 자신을 단절시키고 마음을 닫으며 뒤로 물러난 자세를 취한다.

사람에 대한 모욕을 성령님께 대한 모욕과 비교하는 구절이 있다. "하물며 하나님의 아들을 짓밟고 자기를 거룩하게 한 언약의 피를 부정한 것으로 여기고 은혜의 성령을 욕되게 하는 자가 당연히 받을 형벌은 얼마나 더 무겁겠느냐 너희는 생각하라(히 10:29)."

성령님을 마치 소원을 들어주는 요정처럼 생각하거나

혹은 그분과 협상하려 할 때 그 과정에서 성령님을 무시함으로써 성령님을 모욕할 수 있다. 자신을 성령님보다 높은 위치의 재판장으로 두고 성령의 역사를 다른 이유를 들어 대치함으로써 "성령님을 제외시키는 방법으로" 성령을 모욕할 수 있다. 우리가 인식하지 못하는 사이 그렇게 하기가 쉽다. 성령을 모욕한다면 성령님께서 물러가실 것이다.

성령을 시험하지 말라. 신약 교회의 사건들은 보면 생생하고 무서운 예를 만날 수 있다. 아나니아와 삽비라는 성령님을 시험하는 것이 어떤 것인지 보여 주었다. 이 부부는 교회에 다른 사람들처럼 헌금을 많이 하는 것처럼 보이고 싶었다. 그래서 땅을 좀 팔아서 헌금하려 했는데 돈 일부는 남겨두고 이에 대해 거짓말하기로 모의했다.

성령님을 속이려고 하는 것은 좋은 생각이 아니다! 그런 일로 성령님의 관용을 시험하지 말라. 베드로는 그 음모를 분별해 냈다. 먼저 아나니아가 죽어 쓰러졌고 잠시 후 삽비라도 쓰러졌다. 삽비라가 거짓말을 시인했을 때 베드로가 말했다. "너희가 어찌 함께 꾀하여 주의 영을 시험하려 하느냐 보라 네 남편을 장사하고 오는 사람들의 발이 문 앞에 이르렀으니 또 너를 메어 내가리라(행 5:9)."

성령님께 거짓말하고 난 이후 그렇게 심한 벌을 받지 않았다 하더라도 이러한 행동에 변명거리를 제공할 수는 없다. 그분은 모든 것을 아신다. 성령님이 아신다. 그리고 거짓말을 축복하지 않으실 것이다.

비교하지 말라. 또 다른 것으로 우리의 삶 속에 성령의 임재를 막는 것이 있다면 자신을 다른 사람과 비교하는 것이다. 여러분은 다른 사람들의 형상이나 이상에 부합해야 하는 존재가 아니다. 우리는 하나님의 형상으로 화해야 하며, 하나님께서 우리를 통해 당신을 표현하는 방식을 살펴보면 우리 안에 뚜렷하게 구별될 뿐 아니라 타인과 비교 불가한 고유한 면이 있음을 알 수 있다.

다른 사람을 보고 있으면, 하나님을 보지 못한다. 그러므로 성령님께 응답할 수 있는 능력을 지속하고 싶다면 성령님이 어떤 분이신지에 대해 무지해서는 안 된다. 여러분 자신이 희생하더라도 성령님의 의견을 최우선적으로 존중하라. 그리고 여러분의 마음과 생각을 경건한 생각과 동기로 채우라. 성령께서 일깨워 주신 양심이 여러분을 깨닫게 할 때 최대한 빨리 회개하라.

성령은 어떻게 운행하시는가?

예수님께서 제자들을 떠나시기 전에 성령님께서 오셔서 그들 안에 거하실 것이며 매순간 어떻게 앞으로 나아가야 할지 보여 주실 것이라고 하셨다(요 14:16-21, 요 16:5-15). 물론 성령님께서 우리를 이끌기 원하시고 바람과 같은 속성을 가지신 것이 사실이긴 하지만 대다수의 사람들은 성령과 동행하기 위해 돛을 올려 바람을 받기만 하면 된다는 의미로 받아들이고 있다. 그러면서 정작 항해의 원리들에는 관심을 기울이지 않는 것이다.

첫째, 만약 여러분의 배에 닻이 없다면 어떤 사람이라도 항해를 가르쳐 주지 않으려 한다. 연을 조종할 도구가 없는 사람들에게 연을 주지 않을 것이다. 그러므로 성령님과 동행하는 것을 가르치기 앞서 성령님께서 운행하시는 가장 전형적인 방법들을 알려 주어야 한다.

둘째, 성령님은 기록된 말씀을 통해 운행하신다. 그분은 결코 성경에 어긋나는 길로 운행하지 않으신다. 성령은 기록된 말씀을 뒷받침하시는 분이지 기록된 말씀과 경쟁하지 않으신다.

셋째, 성령님은 아버지, 아들과 일치된 뜻 가운데 운행하신다. 삼위일체께서는 결코 갈등을 경험하거나 표현하지 않으시며 하나의 연합된 뜻을 가지신다. 결국 성령님께서는 아버지와 아들의 뜻을 드러내신다.

넷째, 성령님은 예수님께로 초점을 맞추게 하신다. 성령님은 예수님을 살아계신 실체 그대로 계시하시며 우리가 구주와 더 깊은 관계에 들어가게 하신다.

다섯째, 성령님은 우리를 생명의 원천과 연결시키신다. 개인적 위안을 주는 것보다 여러분의 인격을 성숙시키시는 데 더 큰 관심을 가지고 계신다. 거짓된 확신이나 위안을 주는 것이 아니라 진실과 진리를 알려주신다. 그리고 생명의 원천이신 하나님 아버지와 아들 예수님께로 이끌어 주시며 확신을 주신다.

여섯째, 성령님은 성도들이 증인이 되도록 하신다. 두려움을 극복할 수 있도록 도와주실 것이고 자신의 틀을 넘어서서 성숙하고 열매 맺도록 하실 것이다. 그리고 하나님의 사랑과 능력을 증언할 수 있도록 동기를 부여해 주실 것이다.

생각해 보면, 성령님이야말로 삼위일체 중에서 우리가 가장 먼저 만난 분이라는 사실을 깨달을 수 있다. 그분이 우리의 마음 문 앞에 서서 우리가 문을 열 때까지 두드리셨다(계 3:20). 그분은 여러분에게 하나님이 필요하다는 것을 드러내셨고, 예수님이 실제임을 알려 주셨다. 그리고 오늘 여러분의 삶에도 그 때와 동일하게 운행하고 계신다.

어떻게 성령의 흐름 안에서 움직여 가는가?

이 책은 '초자연적 삶, 이렇게 살라'는 제목을 가지고 있지만, "성령 안에서 흘러가는 삶, 이렇게 살라"라는 부제를 가질 수도 있다. 왜냐하면 초자연적 삶을 사는 것은 곧 성령이라는 물 속에서 그 흐름을 따라가는 것이기 때문이다.

성령의 "흐름을 따라가도록" 준비될 수 있는 가장 좋은 방법은 무엇일까? 앞에서 한 가지 매우 중요한 방법을 이미 언급했는데 성령 안에서 기도하며, 방언의 은사를 사용하라. 성령으로 기도하면 믿음이 "세워진다(유 1:20)." 성령님의 임재를 연습하라. 성령으로 노래하고 마음으로부터 예배하라. 그러면 마음이 확장되어 성령과 소통하는 능력이 증가한다. 그러므로 성령의 흐름을 더 깊고 크게 인식할 수 있는 최우선 방법 중 하나는 성령으로 기도하는 것이다.

어느 때, 어느 장소에서든 성령의 흐름 안에서 움직여 갈 준비를 하려면, 우리의 영을 고요하게 해야 한다. 서두르지 말라. 황급함을 멈추고 주님 앞에서 잠잠하라. 여러분의 영과 혼을 물고기들이 담겨 펄떡거리는 그릇이나 그 안에서 눈이 휘날리는 수정 공처럼 만들지 말라. 그저 성령의 임재 안에 안식하라.

실로 내가 내 영혼으로 고요하고 평온하게 하기를 젖 뗀 아이가 그의 어머니 품에 있음 같게 하였나니 내 영혼이 젖 뗀 아이와 같도다(시 131:2).

나 곧 내 영혼은 여호와를 기다리며 나는 주의 말씀을 바라는도다 파수꾼이 아침을 기다림보다 내 영혼이 주를 더 기다리나니 참으로 파수꾼이 아침을 기다림보다 더하도다(시 130:5-6).

자신을 잠잠하게 하여 성령님께서 주시는 것을 받으라. 성령님으로부터 받는 것은 의도적 행위이다. 능동적으로 참여해야 한다. 수동적인 자세를 고수하지 말라. 그러면 아무 일도 일어나지 않을 것이다.

성도들의 모임에 갈 때 우리가 가져갈 것을 하나님께 구하라. 받은 것보다 더 많이 나눠줄 것을 마음에 작정하라. 하나님께서 여러분의 작은 것까지 전부를 사용하실 것이다! 성령님이 여러분을 통해 흘러가서 다른 사람들에게 뭔가 전달하게 하실 것이다. 하나님은 당신의 마음, 손, 눈물, 웃음, 슬픔을 사용하기 원하신다. 여러분의 전부를 사용하셔서 하나님과 주변 사람들 사이에 연결이 이뤄지게 하려고 하신다. 어디서든 여러분을 사용하실 수 있다. 굳이 교회가 아니어도 된다. 쇼핑몰에 갈 때도 준비해 갈 것이 있는지 하나님께 구하라. 정말이다. 어디에 가든 성령님 안에서 흘러가라.

여러분이 움직일 때, 하나님의 은혜를 계시해 주시길 간구하라. 그러면 모든 영광이 우리가 아닌 하나님께 돌려질 것이다. 우리의 간증은 우리 자신이 아니라 하나님의 것이 될 것이다. 그것은 현재형으로 역사하시는 예수 그리스도에 대한 간증이 될 것이며 오늘날 성령의 역사에 대한 간증이 될 것이다. 여러분이나 여러분의 배우자, 제임스 골이나 빌리 그레이엄의 간증이 되지 않을 것이다. 만약 그것이 성령님에게 합당한 간증이라면 그것은 성령님께 속한 것이다. 그것은 변화를 일으킬 것이며 영향력을 행사하게 것이다.

우리가 기여할 부분은 남들과 뚜렷하게 구별된다. 왜냐하면 우리 존재 자체가 다른 사람들과 구별되기 때문이다. 하나님께서는 우리 각자를 은사와 재능을 갖춘 구체적이고도 개별적인 조합으로 만드셨다. 우리가 성령의 흐름에 동참한다면 우리의 초자연적인 삶은 항상 성령님의 것이 될 것이다. "은사는 여러 가지나 성령은 같고 직분은 여러 가지나 주는 같으며 또 사역은 여러 가지나 모든 것을 모든 사람 가운데서 이루시는 하나님은 같으니(고전 12:4-6)."

성령님의 창조적인 생명이 우리 가운데 운행하셔서 특

별한 방법들로 에너지를 부어 주신다. 그 방법들은 우리가 생각할 수 있는 것 이상으로 다양하고 무수하다. 이러한 방법들을 통해 지상의 어둠에 하나님의 빛이 임하게 하신다. 처음부터 성령님께서는 자신을 나타내실 통로가 될 사람들을 찾고자 하셨다.

창조 시에 성령님께서 암탉이 병아리들을 품듯이 운행하셨다(창 1:2). 광야에서는 모세와 더불어 다른 두 명의 무명 이스라엘 백성이 예언하기 시작했다(민 11:26-30). 모세가 그때 보인 반응은 시대를 초월한다. "여호와께서 그의 영을 그의 모든 백성에게 주사 다 선지자가 되게 하시기를 원하노라(민 11:29)."

요엘 선지자는 예언, 꿈, 환상이 확산될 날을 예언했다(욜 2:28-29). 사도 베드로는 예수님이 오시고 나서 예수님께서 말씀하신 모든 것을 믿은 사람들에게 성령을 주신 후에 요엘이 예언한 날이 이르렀다고 외치기도 했다(행 2:14-21).

여러분과 나는 이러한 시대에 살고 있다. 하나님을 갈망하고 경외하는 자들에게 하나님께서 성령의 초자연적인 은사로 역사하고 계신다. 하나님의 뜻대로 마음껏 행하시게 하라. 성령을 더 많이 부어 주시길 간구하라. 성령님께서 우리 가운데 운행하셔서 우리의 삶 가운데 하나님의 질서가 그 영향력을 발휘하여 우리의 삶을 초자연적이고 하나님만으로 채워진 삶으로 만드실 수 있도록 내어 드리라.

되돌아보기

초자연적인 삶 가운데 필요한 단 하나의 열쇠는 성령님이시다. 우리가 성령과 어떻게 관계하는가가 우리의 삶이 얼마나 "초자연적"이 될지를 결정할 것이다.

1. 우리는 성령님이 왜 "역동적"이라고 말하는가?

2. 성령님께 긍정적으로 반응한 경험이 있다면 세 가지를 열거하고 논하라. 성령님을 향해 부정적인 태도를 취했던 적이 있는가? 어떻게 행동했는가?

3. 이번 장의 제안들 중 성령님을 여러분의 삶 속에서 환영하는 방법으로서 마음에 담았던 것이 있다면 두 가지를 말해 보라.

3장

충만한 부르심

나는 고등학교에 다닐 때 과학을 좋아했고, 그중에서도 특히 생물학을 좋아했다. 그 때 배운 것 중 한 가지가 무언가를 해부하려면 그것이 죽은 후에야 가능하다는 것이다.

성령님을 심도 있게 논할 때 이러한 상황이 문제가 될 수 있다. 성령님께서는 죽지 않으셨는데도 우리는 마치 실험실 표본처럼 그분을 조사하고 분석하려 한다.

생각해 보아야 할 또 한 가지는 성령님은 '하나님'이시라는 것이다. 그러니 우리가 성령님을 다 이해할 수 있다고 추정하는 태도는 주제넘은 것이지 않겠는가? 그럼에도 불구하고 성령님의 증거를 공부하고 이를 취합하는 것은 초자연적인 삶을 온전하게 살기 위한 유일한 다음 단계일 것이다.

우리는 어떻게 성령에 완전히 잠길 수 있는지 알아야 한다. 어린이처럼 마음을 열고 그분께 반응하며 삼위일체의 한 위격이신 성령님을 살펴보도록 하겠다.

그가 오셔서 머무셨다

예수님의 죽음 후 제자들이 불안해하고 두려워할 때, 부활하신 예수님께서 그들을 위로하셨다. 예수님은 곧 하늘로 올라가셨지만, 다른 분을 보내셔서 그들과 함께 지상에 계시게 하겠다고 하셨다. 다른 보혜사, 혹은 위로자를 받을 것이라고 말씀하셨다. 헬라어로는 '파라클레토스(paracletos)이며, 거기서 영어단어 '패러클리트(paraclete)'가 나왔는데 이는 어떤 사람의 옆에서 돕도록 부름받은 사람, 더 나아가 법적 지원을 하거나 재판관 앞에서 변호사가 되는 사람을 의미한다(요 14:12-18, 25-26, 15:26, 16:5-15).

예수님의 약속은 제자들에게 하신 것이었고, 오늘날의 우리에게도 해당된다. 예수님께서 약속하신 대로, 보혜사께서는 다음과 같은 일을 하실 것이다.

첫째, 우리와 함께 영원히 계시며 우리를 위로하고 우리에게 힘을 주실 것이다.
둘째, 우리 안에 거하실 것이다.
셋째, 우리에게 모든 것을 가르치실 것이다.
넷째, 예수님의 말씀을 우리에게 기억나게 하실 것이다.
다섯째, 예수님을 증거하실 것이다.

여섯째, 세상에게 죄를 깨닫게 하실 것이다.

일곱째, 우리를 모든 진리 가운데로 인도하실 것이다.

여덟째, 예수님을 영화롭게 하실 것이다.

아홉째, 우리에게 능력을 주실 것이다.

성령님께서는 그분의 본성이 그렇기 때문에 이 모든 것들을 하실 것이다. 성령님은 항상 자신과 성도들을 연결시키시며, 그들의 마음에 거하신다.

성경에 나타난 성령님의 이름들

성령님은 성경에 여러 이름들로 나타나며, 각 이름마다 그 본질의 특정 측면을 묘사해 준다. 성령님을 묘사하는 많은 이름들은 다음과 같다.

여호와의 영, 지혜의 영, 총명의 영, 모략의 영, 재능의 영, 지식의 영, 여호와를 경외하는 영(하나님의 일곱 가지 영이라고 자주 불림. 사 11:1-3)

그리스도의 영(벧전 1:11)

예언의 영(계 19:10)

영광의 영(벧전 4:14)

위로자(요 14:26)

영원한 영(히 9:14)
약속의 영(엡 1:13)
아버지의 약속(눅 24: 49)

삼위일체 가운데 한 위격

성령님은 단순한 '영향력'이 아니다. 아무런 형태가 없는 힘이나 포스가 아니다. 그는 신성의 한 위격이시다. "증언하는 이가 셋이니 성령과 물과 피라(아버지와 말씀과 성령이라:AMP). 또한 이 셋은 합하여 하나이니라(요일 5:7-8)."

그는 인격이시므로, 인격적인 행동을 하신다. 그리고 말씀도 하신다(행 13:2). 그분은 일하신다(고전 12:11). 가르치시며(요 14:26) 인도하신다(요 16:13).

그는 개성을 가지신 인격으로서 생각과(하나님의 생각, 롬 8:27) 뜻(하나님의 뜻, 고전 12:11), 지성(느 9:20)을 가지고 계신다. 성령님은 사랑하신다(롬 15:30). 그리고 슬퍼하실 수 있다(엡 4:30).

성경에 나타난 성령의 예언적 상징들

성령님은 보이지 않는 영이시므로, 성경은 비유적 상

징들을 사용해 그분을 묘사한다.

그는 비둘기(마 3:16), 물(요 4:14, 7:38-39), 비(욜 2:23), 기름(시 89:20), 바람(요 3:8, 행 2:2), 불(눅 3:16, 사 4:4, 행 2:3)로 표현되고 있다.

이 모든 비유들은 성령님의 본질에 대해 무언가 전달해 주려는 의도를 담고 있다. 그리고 성령님께서 우리와 어떻게 관계하기 원하시는지 말해 주고 있다. 이것이야말로 그분이 원하시는 일이다. 성령님께서는 아들 예수님의 이름으로 아버지께 삶을 바친 사람들과 관계를 맺고자 하시는 것이다.

성령 세례

오순절에 제자들이 경험했던 사건이 오늘날 우리의 경험이 될 수 있다. 그들에게 무슨 일이 일어났는지 살펴보도록 하자.

> "오순절 날이 이미 이르매 그들이 다 같이 한 곳에 모였더니 홀연히 하늘로부터 급하고 강한 바람 같은 소리가 있어 그들이 앉은 온 집에 가득하며 마치 불의 혀처럼 갈라지는 것들이 그들에게 보여 각 사람 위에 하나씩 임하여 있더니 그들

이 다 성령의 충만함을 받고 성령이 말하게 하심을 따라 다른 언어들로 말하기를 시작 하니라(행 2:1-4)."

만약 여러분이 아직 성령 충만을 받지 못했다면(혹은 아직 확신하지 못한다면) 바로 오늘 성령 충만을 받을 수 있다! 성령에 잠기는 것, 성령 세례를 받는 것은 2천 년 전 "교회의 탄생일"에 그랬던 것처럼 초자연적인 삶을 살도록 우리를 무장시켜 줄 것이다. 여러분이 이 책을 읽고 있는 바로 그곳에서 이러한 일이 일어날 수 있다. 성령 충만을 받기 위해 예루살렘의 다락방에서 기다리며 바람 소리를 듣고 머리 위에 불이 임하는 것을 보지 않더라도 성령님께서 여러분 안에 들어오시라는 초청을 받아들이셨다는 어떤 증거를 볼 수 있을 것이다.

예수님께서 제자들에게 "오직 성령이 너희에게 임하시면 너희가 권능을 받고 예루살렘과 온 유대와 사마리아와 땅 끝까지 이르러 내 증인이 되리라(행 1:8)."라고 약속하셨을 때, 그것은 그 당시에 예수님의 음성을 들을 수 있는 자들만이 아니라, 미래에 그 말씀을 읽거나 들을 수 있는 모든 사람에게 말씀하신 것이었다. 무엇보다도 땅 끝까지 증인이 되려면 소수의 제자들보다 더 많은 이들이 필요했다. 그러므로 예수님의 말씀 안에는 이러한 의미가 숨겨져 있을 것이다. "이 책을 읽고 있는 여러분도 성령께서 임하시면 능력을 받을 것이다."

영적 능력을 받았다면 그것은 성령 충만의 의미심장한 증거 중 하나이다. 평범한 사람들이 갑자기 배우지도 않은 언어로 말하고(행 2:4), 그림자로 병자를 치료하는(행 5:15) 일들을 한다면 그들 안에 초자연적 능력이 내주한다는 것을 알 수 있다.

성령 세례는 거듭남과 어떻게 다른가? 우리가 회심할 때 "다 한 성령을 마시게 하셨느니라(고전 12:13)."라고 말씀한다. 회심 후, "예수를 죽은 자 가운데서 살리신 이의 영이 너희 안에 거하시면(롬 8:11)."이라고 말씀 하신다. 그렇다면 거듭남과 성령 세례는 같은 것인가?

거듭남과 성령 세례에 대해 신디 제이콥스가 든 예를 소개해 보겠다. 저서 "초자연적 삶(The Super-Natural Life)"에서 그녀는 말한다. 거듭남은 빈 병을 호수에 던졌을 때와 같다. 병이 호수 위에 떠 있다. 그러면 병은 호수 안에 있다. 이는 회심이나 거듭나는 것과 같다.

그러나 호수 물이 열린 병으로 들어와야 병이 완전히 채워진다. 병은 여전히 호수 안에 있지만, 이제는 호수도 병 안에 있다. 병의 관점에서 보자면, 호수의 물은 병 바깥쪽 주변뿐만 아니라 안에까지 있다. 병은 호수에 잠겨 있고 그것은 성령 세례를 받는 것과 같다.[1]

살아계신 하나님의 성령으로 충만해지는 것은 기쁨이

솟아오르는 새로운 생명으로 늘 충만해지는 것이다. 여러분 안에 계시는 하나님의 성령이 모든 불순함을 태워 없애고 능력으로 기름 부으신다. 그리고 내주하시는 성령님께서 여러분의 마음을 사랑으로 채우신다. 능력뿐만 아니라 사랑 역시 성령 충만의 가장 두드러진 한 표징이다.

성령 세례를 받으면, 고린도전서 12장 8-12절에 있는 아홉 가지 성령의 은사들 중 하나 이상을 행할 수 있을 것으로 예상된다. 내주하시는 성도들 안에서, 그리고 성도들을 통해서 성령님께서 그렇게 역사하신다. 또 당신이 성령 침례를 받으면 성령의 9가지 열매인 사랑, 희락, 화평, 오래 참음, 자비, 양선, 충성, 온유, 절제와 같은 하나님의 성품들(갈 5:22-23)을 우리의 삶 속에서 더 뚜렷이 나타나게 될 것이다.

충만히 채워 주시도록 성령님을 초청하는 것이 중요하다. 나머지는 그분께서 모두 감당하신다. 간구하려는 소원까지도 그분이 주실 것이다. 아르헨티나의 목사인 클라우디오 프레이드존에게 성령님께서 그러한 방식으로 역사하셨다. 그는 "성령님, 갈급합니다(Holy Spirit, I Hunger for You)"라는 책을 썼다. 그 책에서 "1992년은 나의 사역에 있어 새로운 전환점이었다. 하나님께서 내 혀에 소금을 부으신

---

1 신디 제이콥스, '초자연적 삶을 살라: 당신의 삶 속에서 하나님의 권능을 체험하라.'(영동제일교회편집부 역, 쉐키나기획, 2008)

것 같았다. 그래서 강렬한 영적 갈망, 성령님에 대한 갈망을 갖게 되었다! 그는 내 잔을 성령으로 채우셨을 뿐 아니라, 다른 사람들에게도 흘러가게 하셨다."[2]

충만과 성취

오순절의 성령세례는 갑자기 일어난 것이 아니었다. 제자들은 예수님께서 부활 후에 하신 말씀에 순종했다.

> 사도와 함께 모이사 그들에게 분부하여 이르시되 예루살렘을 떠나지 말고 내게서 들은 바 아버지께서 약속하신 것을 기다리라 요한은 물로 침례를 베풀었으나 너희는 몇 날이 못 되어 성령으로 침례를 받으리라 하셨느니라(행 1:4-5).

그래서 그들은 기대하며 기다리고 기도했다. 그들은 정확히 언제 그 일이 일어날지 몰랐고 "성령으로 세례를 받으리라"는 것이 무엇을 의미하는지 잘 몰랐다. 그러다 오순절에 그 일이 갑자기 일어났다. 모두가 동시에 성령세례를 받은 것은 신구약에 걸친 오랜 예언의 성취였다.

오늘날 우리의 삶도 그 연속선상에 있다. 성령님의 약

---

2 신위와 동일.

속은 모든 시대의 교회를 위한 약속이다. 충만한 성령의 임재와 넘쳐흐름에 대한 예언들이 계속해서 있어 왔다.

> 나의 영을 네 자손에게, 나의 복을 네 후손에게 부어 주리니 (사 44:3).

> 또 새 영을 너희 속에 두고 새 마음을 너희에게 주되 너희 육신에서 굳은 마음을 제거하고 부드러운 마음을 줄 것이며 (겔 36:26).

> 그 후에 내가 내 영을 만민에게 부어 주리니 너희 자녀들이 장래 일을 말할 것이며 너희 늙은이는 꿈을 꾸며 너희 젊은이는 이상을 볼 것이며 그 때에 내가 또 내 영을 남종과 여종에게 부어 줄 것이며(욜 2:28-29).

> 나는 너희에게 물로 침례를 베풀었거니와 그는 너희에게 성령으로 세례를 베푸시리라(막 1:8).

권세와 능력

성령 세례의 주목적은 우리가 초자연적 능력을 받는 데

있다. 거듭남을 통해 하나님의 자녀가 되는 권리를 받게 되지만 성령 ㄴ세례는 하나님의 자녀로서 능력 있는 삶을 가능하게 한다. 거듭남은 아버지 나라에서 유업을 받을 수 있도록 한다(롬 8:14-17; 엡 1장). 그 유업 가운데 중요한 한 가지가 바로 내주하시는 성령님의 임재이다.

성령 세례의 일반적 현상들

성령 세례의 증거로 보아야 할 것이 무엇일까? 사도행전의 이야기를 그 출발점으로 삼을 수 있다. 120명의 성도들이 모두 성령으로 충만해졌을 때, 모든 사람들, 심지어 거리의 낯선 사람들조차 하늘로부터 온 '능력'의 나타남을 목격했다.

하나님의 불

인간의 능력을 넘어선 뚜렷한 능력

술 취한 것 같은 모습

모르는 언어(방언)를 말함

예언

갑작스러운 계시

큰 확신

담대한 증언

거리에 모인 사람들은 외쳤다. "이 어찌 된 일이냐(행 2:12). 그러자 베드로가 담대히 나서서 강력하며 핵심을 찌르는 놀라운 설교를 했다(행 2:14-36)." 그는 그 특별한 현상들을 유대인들에게 매우 익숙한 예언적 근거로 설명했다. 그리고 당시 십자가에 처형되신 예수님을 그들이 목격하고 있는 그 사건들과 함께 연결시켰다. 그 설교가 매우 능력 있어서 사람들은 베드로와 사도들에게 외쳤다. "형제들아 우리가 어찌할꼬(행 2:37)."

그들은 "우리가 구원받기 위해 무엇을 해야 하느냐?"라고 말하지 않았다. 수천 명의 사람들은 그저 "이제 어떻게 하면 되겠는가?"라고 외쳤다. 깨달음이 일어났을 때 생겨난 간절한 마음이다. 그들은 모든 것을 원했다.

베드로는 회개하고 예수님의 이름으로 죄 사함을 받기 위해 세례를 받으라고 말했다. "그리하면 성령의 선물을 받으리니 이 약속은 너희와 너희 자녀와 모든 먼 데 사람 곧 주 우리 하나님이 얼마든지 부르시는 자들에게 하신 것이라(행 2:38-39)."

베드로가 한 말의 요지가 보이는가? "이 약속은 너희와 너희 자녀와 모든 먼 데 사람 곧 주 우리 하나님이 얼마든지 부르시는 자들에게 하신 것이라." 부르시는 자들 안에는 여러분과 나도 포함된다. 이 안에 우리의 자녀들과 손자 손녀들도 다 포함된다. 그것은 하나님의 부름을 듣고 응답하는 누구든지 다 포함한다. 그때의 초자연적인 삶, 그 성령의 능력은 그날 예루살렘에 있던 사람들만을 위한 것이 아니었다. 지구의 어느 구석에서 어느 세대에 태어나든 상관없이 모든 사람을 위한 것이었다.

이 약속은 무엇을 포함하는가? 남녀노소를 불문하고 모든 사람이 똑같은 영, 즉 여호와의 영, 지혜, 총명, 모략, 능력, 지식, 예언, 영광, 위로 등등의 영을 받을 수 있다는 것이다. 나도 이에 참여하고 싶다!

성령, 그리스도인의 삶을 살기 위한 열쇠

어느 기독교 진영에서든 하나님의 사람들은 충만한 그리스도인의 삶을 사는 데 성령이 필수적이라고 입을 모은다. 초자연적 능력 없이 초자연적 업적을 이룰 것이라고 기대하지 말라. 보혜사 없이는 아무도 그것을 할 수 없다. 성령의 도움 없이 예수님의 단 한 가지 명령이라도 성취할 수 없다. 원수를 사랑하라는 '간단한' 명령까지도(마 5:44 참조) 성령의 사랑의 능력 없이 실행할 수 있는가? 나는 할 수 없다.

"성령 체험(Experiencing the Spirit)"이란 책에서 로버트 하이들러가 잭 헤이포드(오순절 및 은사주의 관점 대변)와 빌 브라이트(복음주의 관점 대변)의 말을 인용했다. 다음은 성령의 역사에 대해 두 사람이 요약한 것이다.

잭 헤이포드: 성령께서 내 안에 말씀을 살아 있게 하고 점차 말씀이 내 안에 "성육신"되게 하신다…. 성령께서 기도와 찬양에 열정을 불어넣으시고 초자연적인 것에 대한 핵심적인 믿음을 생기게 하신다. 성령께서 나를 가르치고 교훈하셔서 말씀의 거울이 내 안에 예수님을 빛나게 하고 죄를 몰아내게 하신다. 내 삶에 능력의 사역이 이뤄지도록 성령께서 은사와 재능을 주신다…. 성령께서 내 마음에 사랑, 너그러움, 연합의 영을 주셔서 내가 잃어버린 자들을 사랑하게 되고 사람들이 그리스도께로 오는 것을 보기 원하게 될 뿐 아니라, 다른 모든 그리스도인들을 사랑하게 되고 그리스도의 몸, 교회를 손상시키는 도구가 되길 거부하게 된다.[3]

빌 브라이트: 그[성령]는 우리를 인도하시고(요 16:13), 능력을 주시며(미 3:8), 거룩하게 하시고(롬 15:16), 우리를 위로하시고(요 14:16-26), 우리에게 기쁨을 주신다(롬 14:17). 우리에게 영적 진리를 가르쳐 주는 교사이

---

3 잭 W. 헤이포드, '능력과 축복: 성령 충만한 삶 속에서의 축제와 제자훈련(The Power and the Blessing: Celebrating the Disciplines of Spirit-Filled Living), 로버트 D. 하이들러, "성령 체험"(크리스 차 역, WLI Korea, 2007)

신 성령께서는 그리스도의 마음에 있는 통찰력을 통해 우리 마음에 빛을 비추셔서(고전 2:12, 13) 하나님의 감춰진 것들을 계시하신다(사 40:13, 14). 성령으로 충만해지면 성경은 생생하게 살아 있는 말씀이 되고 기도에 활력이 생기며 전도에 성과가 있고 순종하는 것이 기쁨이 된다. 이러한 영역들에 순종하게 되면 믿음이 자라고 영적 삶이 더 성숙해진다.[4]

충만과 넘쳐흐름

이 모든 것들이 성령에 잠길 때의 강력한 능력을 뚜렷이 보여 주는 증거들이다. 그리고 이러한 충만은 계속되어, 주변 세상에까지 흘러간다.

외적으로, 성령의 보이지 않는 임재와 능력은 위에서 내려오고, 성도들은 성령의 임재와 능력에 둘러싸이고 잠긴다.

성도들이 내적으로 성령을 물처럼 마시기를 계속하면 결국은 완전히 충만해져서 생수의 강이 가장 깊은 곳에서부터 흘러나기 시작한다.

---

[4] 빌 브라이트, '능력 있는 삶과 성령'(한국대학생선교회 역, 순출판사, 1986)

우리는 초자연적 사랑을 가질 수 있다. 그리고 초자연적 인내를 가질 수 있다. 이 뿐만 아니라 심각한 상처 중에도 초자연적 기쁨을 경험할 수 있다. 개인적으로 이러한 기쁨을 경험한 적이 있는데, 32년 동안 함께한 아내가 이 세상을 떠나 천국의 상급으로 들어간 지 불과 몇 달 되지 않았지만 이 책을 쓰고 있다. 여러분은 초자연적으로 죄를 깨닫는 경험을 하게 될 텐데, 이는 율법주의와는 다르다. 어떤 식으로든, 하나님의 성령께서 가져오시는 빛이 우리의 마음에서 어둠을 몰아낼 것이고, 하나님께서 우리가 무엇을 하길 원하시는지 자연히 알게 될 것이다.

성령 세례와 더불어 성령의 은사들이 나타나는 것을 경험할 것이다. 방언은 시작에 불과하다. 방언은 사도들도 자각할 수 있었던 분명한 증거였고, 대부분의 사람들도 경험했던 증거였다. 물론 유일한 증거는 아니지만 방언, 즉 전에 배우지 않은 기도 언어로 말하는 것은 어찌되었든 우리 삶에 성령의 임재가 있음을 나타내 주는 외적 표현 중 가장 흔한 것이다.

어떻게 성령 충만을 받을 것인가

우리는 성경을 통해 성령님께서 성도들에게 임하신 두 가지 뚜렷한 방법을 본다.

것 같이 느껴졌고 파도가 밀려 오는 것만 같았다. 그것은 사랑의 흐름이 넘실대는 파도였다…마치 하나님의 호흡 같았다…그리고 거대한 날개가 부채질하는 것 같았다.

내 마음에 부어진 놀라운 사랑을 말로 다 표현할 수 없다. 나는 기쁨과 사랑에 겨워 소리 내어 울었다…마음에서 솟아나는 말로 표현할 수 없는 것을 울부짖음으로 쏟아놓았다. 그 흐름이 내 위에 임했고, 또 임했고, 또 임했다. 나는 마침내 외쳤다. "이 흐름이 계속 저에게 임한다면, 저는 죽을 거예요…주님, 더 이상은 감당할 수 없어요."[5]

개인적으로 나는 성령세례를 받은 후 사역 여행을 다니기 시작하면서 예언을 포함한 성령의 은사들을 경험하기 시작했다. 나는 종종 환상을 보기 때문에 나 자신을 '보는 사람'으로 분류한다. 때로는 찰스 피니처럼 예수님을 보기도 했다.

한번은 뉴욕에서 교회 리더 그룹을 대상으로 사역하고 있을 때 가까이 다가오고 계시는 예수님의 임재를 느꼈다. 그러고 나서 영적 눈이 조금씩 열리면서 사람들 중에 걸어 다니시는 예수님의 발이 보이기 시작했다. 실내에

---

[5] 찰스 G. 피니, "세상을 향한 하나님의 사랑"(엄성옥 역, 은성, 2009)

내가 문을 닫고 돌아섰을 때, 내 마음이 마치 내 속에서 액체가 된 것 같았다. 그리고 모든 감정이 솟아올라 흘러나가는 것 같았다. 그리고 마음에서 나온 고백은 "나의 온 영혼을 하나님께 쏟기 원합니다"였다. 내 영혼이 마구 솟구쳐 오르는 것 같아서 사무실 뒤쪽 방으로 서둘러서 기도하러 갔다. 벽난로에는 불이 없었고 방에 불이 켜 있지 않았지만, 완전한 빛이 가득한 것처럼 보였다. 들어가서 문을 닫았을 때, 주 예수 그리스도를 직접 대면해 만나는 것 같았다…마치 보통 사람을 보는 것처럼 말이다. 그분은 아무 말씀도 하지 않으셨지만 나를 응시하고 계셨고 그분의 발 앞에 무릎 꿇지 않을 수 없었다…. 그분이 내 앞에 서신 것이 너무나 생생해서 그분의 발 앞에 앉아 내 영혼을 그분에게 쏟아놓았다. 나는 아이처럼 울었다….그리고 그분의 발을 눈물로 적셨다.

피니는 그런 상태로 한참 있었다. 그래서 그가 사무실 방으로 돌아왔을 때는 벽난로에 가득했던 땔감이 거의 타고 난 후였다.

내가 몸을 돌려 벽난로 옆에 앉으려 할 때 강력한 성령세례를 받았다…성령님께서 내 위에 강림하셔서 몸과 영혼 속으로 지나가시는 것 같았다. 마치 전기가 내 몸을 관통하는

현대의 신약 이야기들

성령 세례가 초자연적 삶의 열쇠라는 증거로 신약 성경 완성 이후에도 변화된 삶들이 이어지고 있는 것을 보면 알 수 있다. 그들의 삶을 살펴보면 그들이 모두 성령의 능력을 경험했다는 특징이 있다.

내가 경험한 그런 증인들 중 하나는 남아프리카 공화국의 전도자로 미국에 온 로드니 하워드 브라운이다. 몇 년 전에 그의 책에서 이런 글귀를 읽었고, 그것은 내가 그동안 성령의 일들에 접근해 왔던 방식을 완전히 바꾸었다.

> 오늘날 하나님께서 사용하시는 사람들이 있다. 그것은 그들이 특별한 사람이라서가 아니다. 그들이 하나님을 만졌고, 하나님께서 그들을 만지셨기 때문이다.

브라운은 그저 평범하고 우락부락한 남자다. 솔직히 나는 그를 '성령의 불독'이라고 부른다. 그러나 하나님께서 그를 능력 있게 사용하시고, 그의 삶은 다른 사람들의 삶을 강력하게 변화시킨다.

찰스 피니는 19세기 미국의 저명한 전도자다. 피니는 자신이 받은 성령 세례를 이렇게 기록했다. 어느 날 저녁, 그는 돌아가는 친구를 문에서 배웅했다.

첫째, 성령이 주도하고 인간이 응답한 오순절의 예
둘째, 안수를 통해 이뤄진 사도행전 8장 14-17절

예루살렘에 있는 사도들이 사마리아도 하나님의 말씀을 받았다 함을 듣고 베드로와 요한을 보내매 그들이 내려가서 그들을 위하여 성령 받기를 기도하니 이는 아직 한 사람에게도 성령 내리신 일이 없고 오직 주 예수의 이름으로 세례만 받을 뿐이더라 이에 두 사도가 그들에게 안수하매 성령을 받는지라

성령 충만을 소원하는 성도는 몇 가지 기본적 조건만 충족시키면 된다.

첫째, 그것이 오늘 당신을 위한 하나님의 약속임을 믿으라(행 2:39).
둘째, 회개를 통해 마음을 준비하라(행 2:38).
셋째, 구하라(눅 11:13).
넷째, 받는다는 믿음을 가지라(요 7:38-39; 갈 3:2).

있는 사람들은 예수님의 임재를 전혀 모르는 것 같았다. 그러자 그들에 대한 안타까운 마음이 간절해졌다. 수동적으로 보이는 그들의 상태를 바라보며 흔들어 깨우고 싶었다. "예수님이 바로 여기 계세요. 누가 좀 예수님을 꼭 잡아 봐요!"라고 외치고 싶었다.

이것은 개인적인 초자연적 경험의 극히 일부분일 뿐이다. 이러한 성령 체험만으로 책 한 권을 채울 수 있을 것이고 실제로 그중 많은 내용을 여러 책들에 쓰기도 했다. 수백 명의 다른 사람들도 자신들의 체험에 대해 썼다. 여러분이 성령세례를 받고 초자연적인 삶을 사는 사람들의 경험에 대해 찾아보는 것은 어렵지 않을 것이다. 책을 빌리거나 사거나 혹은 인터넷으로 찾아보는 것은 어떨까?

오늘을 위한 부르심-맹인 바디매오는 어디 있는가?

찰스 피니가 그랬듯이, 맹인 바디매오도 그랬듯이 (막 10:46-52) 주님께서는 오늘도 갈급한 사람들을 찾으신다. 그들은 물러서지 않고 전심으로 "다윗의 자손 예수여 나를 불쌍히 여기소서!", "나는 예수님을 더 원합니다!"라고 부르짖는 사람들이다. 우리는 의기소침함의 외투를 던져버리고, 그저 예수님께로 와서 예수님의 만지심을 갈망해야 한다.

서로 격려하며 그분을 추구해야 한다.

술 취하지 말라 이는 방탕한 것이니 오직 성령으로 충만함을 받으라 시와 찬송과 신령한 노래들로 서로 화답하며 너희의 마음으로 주께 노래하며 찬송하며 범사에 우리 주 예수 그리스도의 이름으로 항상 아버지 하나님께 감사하며(엡 5:18-20).

되돌아보기

영광스러운 성령 세례는 구원이나 물세례와 구별되는 경험으로 간주된다. 요한복음 1장 33절에서 성도에게 성령으로 세례를 주는 것이 그리스도의 사역이라고 선포한다. 여러분은 예수님의 사역에 더 깊게 들어가기를 원하는가? 그렇다면 마음을 열고, 믿음으로 간구하고, 성령의 능력을 받으라.
성령 충만을 받으라. 그러면 초자연적인 삶을 살 수 있을 것이다.

1. 한 사람의 삶에 성령님께서 내적으로나 외적으로 하시는 일들은 무엇이 있는가?

2. 성령님께서 어떤 사람 안에 임재하신다는 증거는 항상 같은 것인가? 그렇다면 그 이유는 무엇이고 그렇지 않다면 그 이유는 무엇인가?

3. 여러분에게 있는 성령 세례 간증은 무엇인가? 여러분의 삶 속에서 하나님의 초자연적 능력에 대하여 어떤 종류의 증거를 보았는가?

2부

성숙한 인격의 필요

오순절 때와 같이 성령님께서 갑작스럽게 임하신다 할지라도 그것 자체가 초자연적 삶으로의 지름길은 아니다. 육적인 생명이 꾸준히 자라고 오랫동안 열매를 맺는 것과 같이, 영적인 생명도 똑같다. 가끔 초자연적 경험들에도 불구하고, 진실로 초자연적인 생명은 신실함, 인내 그리고 균형 잡힌 특성들이 계발되는 것을 요구한다.

불 같은 영국의 전도자 레너드 레이븐힐이 말하길, "성령님을 통해서는 충전될 수 있고 말씀을 통해서는 갈급함이 채워진다. 하지만 성령님과 말씀을 함께 소유하게 되면 성장하게 된다!" 가볍게 내던진 말이지만 아주 정확하게 요점을 짚었다.

초자연적 삶에 결코 지름길이란 없다. 왜냐하면 제자가 되기 위한 지름길이 없기 때문이다. 결국 초자연적 삶이란 제자의 삶을 말하는 것이다. 예수님의 말씀을 기억하라. "또 자기 십자가를 지고 나를 좇지 않는 자도 내게 합당치 아니하니라 자기 목숨을 얻는 자는 잃을 것이요 나를 위하여 자기 목숨을 잃는 자는 얻으리라(마 10:38-39)."

만약 초자연적인 삶을 살고 싶다면 숨을 크게 들이쉬고 몸을 낮추어 십자가를 지라.

4장

기본으로 돌아가기

몇 년 전 맞이했던 한 어머니날은 나의 아내, 미갈 앤에게 있어 굉장히 특별한 날이었다. 이 날 아내를 위한 기도만큼 가장 좋은 선물은 없다고 생각했었다.

그런데 내가 기도를 시작하자 영적인 눈이 열리기 시작했다. 환상 가운데, 미갈 앤의 머리 위로 숫자 '9'와 '2'가 쓰인 크리스털 항아리가 있는 것을 보았다. 숫자 '2'는 더 작았는데 두 숫자는 그 수리 배열 상 두배를 나타내는 것 같았다.

어쨌든 이 항아리는 크리스털로 유명한 체코공화국의 보헤미아 지역에서 최근에 구입해 온 크리스털 항아리를 그대로 닮아 예뻤다.

환상에서 아름다운 항아리가 미가엘 앤의 머리위로 아주 무겁게 내려왔고 깨끗한 물이 쏟아져 내렸다. 그 액체는 마치 그녀의 존재 안으로 스며들어 가는 것 같았다. 그리고 성령님께서 다음과 같이 말씀하셨다.

"내가 네게 '배가'에 관해서 가르칠 것이다. 너는 어떻게 엘리사가 엘리야에게 임했던 것보다 배가의 기름부음을 구하는 것이 얼마나 어려운 것이었는지 알게 될 것이다. 바로 이 시간에 '배가'의 기름부음이 임하게 될 것이다."

그리고는 아내에게 계속해서 물이 쏟아지는 것을 보았다. 그러자 어떤 갈색의 침전물이 그녀 안에 깊이 쌓여 가고 있었고, 위로부터 계속 부어지는 깨끗한 물과 함께 섞여 옅은 갈색이 되고 있었다. 물이 그녀 안으로 흘러들어 갈수록 그녀에게서 나오는 물이 점점 더 맑아지기 시작했다.

결국 그녀로부터 나오는 물이 그녀에게로 흘러들어가는 물과 같이 맑아졌다. 또 다시, "이 시간에 '배가의 기름부음'을 얻게 될 것인데 인격의 충만함과 권능의 충만함이라"는 음성을 들었다.

나는 곧, 항아리에 붙어 있던 상징인 "9로부터 두 번째 능력"이 성령의 아홉 가지 열매, 다시 말해 '인격의 충만함'이면서 성령의 아홉 가지 은사, 즉 '권능의 충만함'이라는 사실을 깨달았다.

이것은 우리 모두를 위한 것임에 틀림없다. 우리 각자는 '갈색의 침전물'을 우리 안에 가지고 있다. 만약 성령님께서 우리에게 깨끗한 강물과 같은 것을 부어 주신다면 우리의 쓰레기를 모두 씻기시고 그분의 생명으로 우리 삶의 모든 구멍을 채우실 것이다.

그분은 계속해서 자신의 생명수를 부으셔서 우리가 숨

기려고 하는 모든 상처와 쓴 뿌리, 그리고 다른 파괴된 잔해들을 생명수로 완전히 씻겨 내신다. 그분은 우리로 하여금 자신의 영광을 운반하는 그릇으로 만드시기를 작정하셨다.

초자연적인 삶을 사는 데 있어 핵심은 우리 자신이 참된 예수 그리스도의 제자가 되기 위해, 그리고 하나님의 놀랍고 초자연적인 은사들을 운반하는 사람들이 되기 위해 우리의 삶을 십자가의 사역과 동역하는 데 있다.

그렇게 복잡하지도 심오하지도 않다. 초자연적 삶을 사는 데 있어 핵심은 자신에 대하여 죽고 하나님께 대하여 사는 것이다. 나는 나이들 만큼 들었고 여러 일들을 겪을 만큼 겪어 왔다. 하지만 억압되어 있는 사람을 치유하거나 휠체어에 앉아 있는 사람을 일으키는 초자연적인 사역만큼 그리스도와 같은 성품도 이제 계발하기 시작했을 따름이다. 성령님께서는 우리 모두를 하나부터 열까지 속속들이 새롭게 하기를 원하신다.

초자연적 삶의 핵심은 십자가의 삶을 사는 것이다. 십자가의 삶은 초자연적이다. 왜냐하면 스스로를 희생해서 육적인 모든 것을 십자가에 못 박는 것이기 때문이다. 오직 성령님의 권능을 통해서만 매일 나의 십자가를 지고 초자연적으로 자연스러운 삶을 살게 된다.

흔들리지 않는 기초

그리스도인의 삶의 근본으로 돌아가는 것은 기초를 확인하는 데서부터 시작된다.

그 어떤 건물이라도 그 깊이와 기반의 힘에 따라 그 위에 무엇이 세워질지 결정된다. 흔들리지 않는 기초와 차츰 세워져 나가는 건물구조의 영구성, 이 둘 사이에는 분명한 연관성이 있다.

시편 11편 3절에서는, "터가 무너지면 의인이 무엇을 할꼬?"라고 했다. 스스로 이 질문에 답을 해보라. 만약 단지 그리스도인의 삶을 조사해 보았든지 새신자이거나 혹은 여러 해 동안 진정한 제자로서 살아 왔던 사람이든지 여러분의 기반이 확고한 반석 위에 세워졌다는 사실을 확실히 하기 원할 것이다.

반석이신 예수님

시편 18편 2절에서 다윗 왕은 "주님은 나의 반석"이라고 외쳤다. 또 다른 시편에서 그는 다음과 같이 자세히 말한다.

> 나의 영혼이 잠잠히 하나님만 바람이여 나의 구원이 그에게서 나는도다 오직 저만 나의 반석이시요 나의 구원이시요 나

의 산성이시니 내가 크게 요동치 아니하리로다….

나의 영혼아 잠잠히 하나님만 바라라 대저 나의 소망이 저로 좇아 나는도다 오직 저만 나의 반석이시요 나의 구원이시요 나의 산성이시니 내가 요동치 아니하리로다 나의 구원과 영광이 하나님께 있음이여 내 힘의 반석과 피난처도 하나님께 있도다(시 62:1-2, 5-7).

후에, 이사야도 예수님에 대해 예언했다.

"그러므로 주 여호와께서 가라사대 보라 내가 한 돌을 시온에 두어 기초를 삼았노니 곧 시험한 돌이요 귀하고 견고한 기초 돌이라 그것을 믿는 자는 급절하게 되지 아니하리로다(사 28:16)."

수백 년 후, 이사야가 언급했듯이, 베드로와 바울 역시 예수님을 '모퉁이 돌'이라고 선포했는데 이는 기초를 견고하게 하는 반석이다.

그러므로 이제부터 너희가 외인도 아니요 손도 아니요 오직 성도들과 동일한 시민이요 하나님의 권속이라 너희는 사도들과 선지자들의 터 위에 세우심을 입은 자라 그리스도 예수께서 친히 모퉁이 돌이 되셨느니라 그의 안에서 건물마다 서로 연결하여 주 안에서 성전이 되어가고 (엡 2:19-21).

성경에서 말한 바와 같이 경에 기록하였으되 보라 내가 택한 보배롭고 요긴한 모퉁이 돌을 시온에 두노니 저를 믿는 자는 부끄러움을 당치 아니하리라 하였으니(벧전 2:6).

누가와 바울은 형이상학적인 방법으로 이 돌에 대해 기술하고 있다.

이 예수는 너희 건축자들의 버린 돌로서 집 모퉁이의 머릿돌이 되었느니라 다른이로서는 구원을 얻을 수 없나니 천하 인간에 구원을 얻을 만한 다른 이름을 우리에게 주신 일이 없음이니라 하였더라(행 4:11-12).

또 내가 그리스도의 이름을 부르는 곳에는 복음을 전하지 않기로 힘썼노니 이는 남의 터 위에 건축하지 아니하려 함이라 (롬 15:20).

기초 위에 세우기

예수님은 우리의 반석이시고 우리의 견고한 기초가 되

신다. 이보다 더 좋은 게 있겠는가? 그러나 기초에 대해 논의하면서 더 필요한 부분을 언급하려 한다. 우리는 우리의 삶을 어떻게 예수라는 반석 위에 세울지를 배워야 한다. 우리는 그분께서 하라고 하시는 것을 듣고 행해야 한다. 듣고 행하는 것, 이것 역시 매우 기본적인 것이지만 매우 중요하기도 하다. 예수님께서 이것에 대해 어떻게 말씀하셨는지 살펴보자.

> 그러므로 누구든지 나의 이 말을 듣고 행하는 자는 그 집을 반석 위에 지은 지혜로운 사람 같으리니 비가 내리고 창수가 나고 바람이 불어 그 집에 부딪치되 무너지지 아니하나니 이는 주추를 반석 위에 놓은 까닭이요 나의 이 말을 듣고 행하지 아니하는 자는 그 집을 모래 위에 지은 어리석은 사람 같으리니 비가 내리고 창수가 나고 바람이 불어 그 집에 부딪치매 무너져 그 무너짐이 심하니라(마 7:24-27).

비가 내리고 홍수가 다가오고 바람이 불어오면 그들의 삶이 반석 위에 세워졌든지 그렇지 않든지 모든 사람이 영향을 받는다. 모든 사람이 동일하게 폭풍에 대한 경고와 날씨를 경험하게 되는 것이다. 하지만 이를 준비하는 데에는 사람마다 차이가 있다. 누가 준비하는 사람인가? 예수 그리스도 반석 위에 자신의 삶을 세우는 사람이다.

그들은 모든 시험을 참아내는 사람들이다.

여러분 자신을 어떻게 증명해야 할지 연구하라.

바울은 어린 디모데에게 그를 부르신 하나님의 초자연적인 삶에 대한 교훈을 주기 위해 편지를 썼다. 그는 디모데에게 촉구했다

> 너는 진리의 말씀을 옳게 분별하며 부끄러울 것이 없는 일꾼으로 인정된 자로 자신을 하나님 앞에 드리기를 힘쓰라 (딤후 2:15).

하나님의 말씀은 풍성한 삶에 대한 모든 질문의 답을 가지고 있다. 그래서 오늘날에도 어두운 세력을 향해 바울이 디모데에게 했던 충고를 받아들여야 할 필요가 있다. 모든 성도들은 하나님의 말씀을 온전하게 알아야 한다. 우리의 믿음을 가장 잘 그리고 가장 효과적으로 사용하기 위해서는 계속해서 하나님의 말씀 안으로 깊이 들어가야 하며 성경말씀을 친숙하게 여길 수 있어야 한다. 그래서 이렇게 이야기하고 싶다. "성경이 여러분을 읽어낼 때까지 계속해서 성경을 읽는 데 목표를 두라."

만약 성경 읽는 것이 재미없다면, 더 재미있게 읽을 수 있도록 성령님께 간구하라. 그러면 도우실 것이다. 사람들이 성령 세례를 더 깊이 믿을 때 성경이 예전과 같지 않

고 "살아 움직이는" 생명력 있는 말씀이라는 사실을 깨닫게 된다.

결국 기록된 말씀은 살아 있는 말씀이다. 예수님이 바로 말씀이신 것이다(요 1:1,14; 계 19:13). 그리고 말씀이신 예수님과 관계를 맺기 원한다면 그분께서 기록하신 말씀과도 관계를 맺어야만 한다.

예수님께서 이 땅에 계실 때 제자들에게 최선을 다해 가르치시고 말씀하셨다. 여기에 초자연적 삶을 위한 그분의 기초적인 말씀, 즉 제자들에게 가르치신 '가,나,다' 가 있다.

> 조금 있으면 세상은 다시 나를 보지 못할 것이로되 너희는 나를 보리니 이는 내가 살아 있고 너희도 살아 있겠음이라 그 날에는 내가 아버지 안에, 너희가 내 안에, 내가 너희 안에 있는 것을 너희가 알리라 나의 계명을 지키는 자라야 나를 사랑하는 자니 나를 사랑하는 자는 내 아버지께 사랑을 받을 것이요 나도 그를 사랑하여 그에게 나를 나타내리라 가룟인이 아닌 유다가 이르되 주여 어찌하여 자기를 우리에게는 나타내시고 세상에는 아니하려 하시나이까 예수께서 대답하여 이르시되 사람이 나를 사랑하면 내 말을 지키리니 내 아버지께서 그를 사랑하실 것이요 우리가 그에게 가서 거처를 그와 함께 하리라(요 14:19-23).

잘 알지 못하던 경험에 대해 알기를 원하는가? 진정으로 초자연적인 삶을 살기를 원하는가? 성공적으로 살기 위해서는 이를 만족시키는 조건들을 지켜야 것이다. 그분의 말씀을 지키기 위해 그분의 영이 필요하며 그리고 그분의 성령을 받아야 하며 말씀 역시 필요하다. 아버지와 아들이 말씀에 반응하는 제자의 삶에 들어오시고 그의 순종을 통해 그 안에 거하실 처소를 세우신다.

만일 말씀에 뿌리를 두고 거기에 기본 토대를 세웠다면 그 어떠한 초자연적 경험이라 할지라도 진리에 근거하게 되는 것이다. 여러분도 잘 알다시피, 사탄은 가짜 영적 체험들을 만들어 낸다(고후 11:14; 요이 1:7). 사탄은 하나님의 적이며 하나님만큼 위대하지는 않으나 초자연적 존재이다. 그래서 쉽게 혼동하기도 한다.

그러나 만일 우리가 기록된 말씀에 친숙하다면 분별하는 법을 배울 수 있다. 성경은 그 자체로 하나님께서 다양하고 초자연적인 의미들(행 2:17)을 통해 말씀하신다고 가르치고 있다. 그러나 모든 계시는 하나님의 말씀을 기준으로 하여 검증되어야 함을 또한 경고하고 있다(살전 5:19-21; 사 8:20; 마 24:23-25; 딤전 4:13).

하나님은 자신의 이름보다 자신의 말씀을 더 높이기도 하셨다(시 138:2). 하나님의 자녀로서, 그분의 말씀을 높여야 하고 우리의 삶 가운데 말씀을 최우선 순위에 둘 필요가 있다. 말씀을 삶의 우선순위에 두게 되면 하나님의 초자연적인 생명과 축복 이상의 것을 경험하게 될 것이다. 말씀은 하나님이 누구시고 우리를 위해 우리 안에서 무엇을 행하시는지 알려 줄 것이다. 말씀은 하나님의 충만한 생명이고 권능이다. 만일 우리가 말씀을 묵상하고 마음에 심는다면, 그리고 살아 있는 말씀과 믿음을 함께 묶는다면 점점 더 충만한 삶과 하나님의 권능을 경험하기 시작할 것이다.

가장 효과적으로 성경을 공부하려면

성경을 이해하기 위해서는 성경을 공부해야 한다(고후 1:13-14). 이것은 얼마나 많이 성경을 읽었는가가 그 기준이 아니라 얼마나 많이 성경을 소화하고 있는가를 보는 것이다. 소처럼 읽은 것을 씹고 되씹는 방법을 배우라. 그것으로부터 가장 좋은 것을 얻어 '묵상'하라. 그리고 여러분의 일부가 되도록 소화하라. 삶의 모든 날 동안 여러분과 함께 동행할 수 있도록 잘 읽어야 한다(사 34:16).

성경을 읽을 때 가장 좋은 방법 중 몇 가지가 있다.

첫째, 문맥 속에서 글을 이해하며 읽으라. 한 장 한 장을 날마다 읽으라(신 17:19).

둘째, 성경을 읽을 때 예수님의 주인되심을 알라. 그분의 진리와 빛이 여러분의 어두운 면에 스며들게 하라. 하나님의 말씀은 역사적이다. 그 말씀이 바로 이 순간 존재하심을 확고히 믿으며 하나님의 말씀을 읽으라.

셋째, 기도하면서 성령님의 도우심으로 읽으라. 우리에게 말씀하시는 것은 무엇이든지 적으라(단 10:21). 그리고 성경의 여백에 날짜를 써 넣으라.

넷째, 여러분의 성경책에 표시하라. 다양한 색의 형광펜을 사용하든지 밑줄을 사용하여 성령님께서 보여 주시는 것을 다시 한 번 상기할 수 있도록 하라. 이러한 구절들은 우리의 삶에서 진리와 지식을 향상시키는 미래를 위한 집을 짓는 것이다.

다섯째, '구속'과 같이 특정한 주제를 정하고 공부하라. 그리고 공부하면서 스스로에게 질문하라. 육하원칙은 가장 흔히 쓰이는 방법이다.

여섯째, 성경 안에서 중요하다고 여겨지는 인물들의 삶을 공부하라. 예를 들어 '하나님께서 왜 그들을 선택하셨는가?', '그들이 하나님의 다루심에 응하게 된 동기는 무엇인가?', '하나님께서 그분의 목적으로 이들을 이끄셨다는 것은 무엇을 의미하는가?', '이 사람들의 삶을 통해 우리가 배울 수 있는 것은 무엇인가?', '이를 통해 인내와 믿음에 관하여

배울 수 있는가?'

일곱째, 성경과 주석을 사용하여 성경을 연구하고 대조구절을 찾아보며 여러 방식으로 쓰인 특별한 단어를 적어보라. 상호참조 표시들을 사용하게 되면, 이야기를 이해할 때 좁은 관점으로부터 벗어날 수 있도록 도와줄 것이고 진리로 열리는 새로운 문을 발견할 수 있을 것이다.

여덟째, 원어 사전과 사전을 사용하여 특정한 단어들의 어원을 연구하라. 단어의 변화 역사, 헬라어나 히브리어같이 다른 언어들 안에서의 기원 등을 살피는 것이다. 성경에서 다른 의미로 해석되어 사용된 단어들에는 어떠한 것이 있는지 연구해 보라.

더 많은 진리들이 명확해질수록 이해의 폭이 더 넓어지도록 항상 준비하라. 지식과 교리는 조금씩 이해되는 측면이 있다.

그들이 이르기를 "그가 누구에게 지식을 가르치며 누구에게 도를 전하여 깨닫게 하려는가? 젖 떨어져 품을 떠난 자들에게 하려는가? 대저 경계에 경계를 더하며 경계에 경계를 더하며 교훈에 교훈을 더하며 교훈에 교훈을 더하되 여기서도 조금, 저기서도 조금 하는구나" 하는도다(사 28:9-10).

말씀을 배우면서 하나님을 더욱 더 온전하게 알게 되는데 우리는 그분의 형상대로 변화되고 광대해질 것이다.

> 우리가 다 수건을 벗은 얼굴로 거울을 보는 것 같이 주의 영광을 보매 그와 같은 형상으로 변화하여 영광에서 영광에 이르니 곧 주의 영으로 말미암음이니라(고후 3:18).

헌신과 계시

성경에서 '관념'이라는 명사와 '보여 주다'라는 동사를 연구하기 원한다면 이 두 단어를 연구해야 할 것이다. 바울은 로마에 있는 교회에 "그러므로 형제들아 내가 하나님의 모든 자비하심으로 너희를 권하노니 너희 몸을 하나님이 기뻐하시는 거룩한 산 제물로 드리라(present) 이는 너희가 드릴 영적 예배니라(롬 12:1)."고 말했다. NIV역에서는 '바치라(offer)'로 번역되었다.

로마 사람들에게 보낸 초기 바울의 편지에서 바울은 분명히 언급했다. "너희 자신을 종으로 내주어 누구에게 순종하든지 그 순종함을 받는 자의 종이 되는 줄을 알라(롬 6:16)." 만일 죄에 여러분 자신을 내어주면 죄의 노예가 될 것이다. 만일 하나님께 당신 자신을 내어 드리면, 의의 '종'으로 기꺼이 그분의 종이 될 것이다.

하나님으로부터 오는 더 깊은 계시를 기대하기 전에, 우리는 자신을 좀더 온전하게 그분께 드려야 한다.

거룩한 산 제사

어떻게 하나님께 우리 자신을 드릴수 있을까? 우리의 자발성, 신실함 그리고 순종을 통해서 그렇게 할 수 있다.

첫째, 유효성. 최상의 능력은 하나님께 우리가 유효할 때이다. 여러분의 자발성은 당신을 통해 하나님께서 기적을 행하실 수 있는 기회를 준다. 이사야가 하나님께 드렸던 모든 것은 그의 자발성이었다.

> 내가 또 주의 목소리를 들으니 주께서 이르시되 "내가 누구를 보내며 누가 우리를 위하여 갈꼬?"하시니 그 때에 내가 이르되, "내가 여기 있나이다. 나를 보내소서!"하였더니(사 6:8).

아무도 이사야로 하여금 그 자신을 드리도록 만들지는 못했다. "누가 우리를 위하여 갈꼬?"는 열린 질문이지 명령이 아니다. 그러나 이사야는 자원했다. 그는 자신을 주님께 드렸다. 그는 그의 시간과 힘을 하나님께 헌신했다.

만약 하나님의 부르심을 듣는다면, "내가 여기 있나이다; 나를 보내소서!"라고 응답할 것이다. 약속하건대 하나님께서 여러분을 사용하실 것이고 그분의 성령으로 충만하게 하실 것이다. 우리가 완벽할 필요는 없다. 그저 주님께 자신을 드리라. 하나님께서는 이미 완성되어 있고 온전한 사람들을 요구하시는 것 같지 않다. 사실, 그분은 모자란 사람들을 온전하게 하시기를 더 좋아하신다(고전 1:26-30).

둘째, 신실함. 당신의 신실함을 통해, 당신의 자발성을 계속하게 된다. 이것은 매우 기본적이나 중요한 것이다.

만약 우리가 하나부터 열까지 신실하지 않다면-지나치게 광범위한 것들이 그 크기만큼 얼기설기 엮어져-신실하지 않은 것이다. 만약 당신의 업무가 의자에 앉아 있거나 유치원에서 일하거나 비디오 카메라를 들고 뛰어다니거나 누군가를 위해 기도하는 것이라면, 그저 그것을 계속해서 잘 유지해 나가라.

'웬디스'라는 패스트푸드점에서 일하는 것처럼 겸손한 것이다. 우리 부부가 아이를 가지기 전에, 그리고 아내가 국제 인도주의 보조 사역을 하기 전에, 아내는 도너츠와 시나몬 롤을 만들었다. 그렇기 때문에 지방대학에서 도너츠와 시나몬 롤을 만들기 위해 아침 일찍 일어나곤 했었다. 그리고 나서, 웬디스에서 일했다. 우리 마을에서 처음으로 연 패스트푸드점이었다. 그녀가 거기서 일할 때, 방언으로 기도했다. 아무도 그녀의 기도소리를 듣지는 못했다. 그녀는 지나치게 영적인 사람이 되려고 하지 않았다. 그저 일하면서 기도했을 따름이다. 그런데 그녀의 상관이 내 아내에게 강한 호기심을 가졌었다. 왜냐하면 아내는 날마다 그녀의 일을 계속해 나갈수록 어떤 영적인 분위기를 계속 내뿜었기 때문이었다.

그녀는 결국 상관을 주님께로 이끌었고, 나는 그에게 물 세례를 주었다. 또한 그로 하여금 성령님께 적셔지도록 했다. 이 모든 것은 미갈 앤의 신실함 때문이었다.

작은 일에 신실한 사람은 큰 일에도 역시 신실할 수 있다. 만약 여러분이 누군가를 위한 일에 신실하다면, 이미 더 많은 일을 다룰 수 있도록 준비되었음을 입증하게 될 것이다(눅 16:10-12).

셋째, 순종. 자발성과 신실함은 순종과 함께 간다. 하나님께 자신을 드리는 일은 순종의 한 행동이다.

순종은 강압적인 것이 아니다. 그리고 따분한 것이 아니다. 오히려, 순종은 하나님을 향한 감사의 행동이다. 보여 주어야만 하는 율법이 아니고 하나님의 팔을 비틀기 위해 순종하지 않아도 된다.

작가 윌리엄 워드는 다음과 같은 교훈을 남겼다. "모든 위대한 사람들은 누구에게 순종하며, 언제 순종해야 하는

지를, 어떻게 순종하는지를 배웠다." 나는 이것이 사업세계에서, 또한 교회에서 모든 "성공적인 삶" 세미나의 일부가 되어야 한다고 생각한다. 예수님의 제자로서, 우리의 순종은 그분을 중심에 두는 것이다.

자발성과 신실함은 계시의 문을 슬쩍 열어 준다. 순종은 남은 길을 모두 열어 준다. 바울은 재미있는 질문을 한다. "너희에게 성령을 주시고 너희 가운데서 능력을 행하시는 이의 일이 율법의 행위에서냐 혹은 듣고 믿음에서냐(갈 3:5)?"

다른 말로 하자면, 만약 자신을 하나님께 드렸고 순종적인 믿음을 훈련했다면 그것 자체로도 여러분이 그분께 속해 있음을 입증한다. 그리고 하나님 임재의 초자연적인 나타남을 보게 될 것이다.

> 곧 하나님 아버지의 미리 아심을 따라 성령이 거룩하게 하심으로 순종함과 예수 그리스도의 피 뿌림을 얻기 위하여 택하심을 받은 자들에게 편지하노니 은혜와 평강이 너희에게 더욱 많을지어다(벧전 1:2).

예수님은 순종하셨고, 우리는 그분을 모델로 삼는다. 예수님은 하나님 아버지께서 그에게 하라고 주신 일을 완성하셨다(요 17:4). 예수님은 아버지의 뜻을 항상 행하심으로 기뻐하셨다(요 4:34, 5:0, 6:38). 만약 우리가 그분이 이 땅에서 행하신 것처럼 살기를 원한다면, 우리의 삶은 신실함과 충성된 순종으로 새겨지게 될 것임에 틀림없다. 우리의 임무가 화장실을 청소하는 것이든, 25만 명 앞에서 설교를 하는 것이든 아무런 문제가 되지 않을 것이고- 그 보상은 동일할 것이다.

영적 눈을 뜸

자신을 하나님께 드림으로써, 우리는 그분을 위한 계시의 후보자가 되는 것이다. 여러분이 부름받은 초자연적으로 풍성한 새로운 단계의 삶으로 들어설 때 마음의 눈이 뜨이게 될 것이다. 여기에 바울의 또 다른 말씀을 살펴보겠다.

> 너희 마음의 눈을 밝히사 그의 부르심의 소망이 무엇이며 성도 안에서 그 기업의 영광의 풍성함이 무엇이며 그의 힘의 위력으로 역사하심을 따라 믿는 우리에게 베푸신 능력의 지극히 크심이 어떠한 것을 너희로 알게 하시기를 구하노라. (엡 1:18-19).

여러분과 내가 하나님께 우리 자신들을 드림으로써,

우리는 그분에게 (1)하나님의 뜻, (2)하나님의 긍휼, (3) 하나님의 승리 등과 관련된 계시를 구할 수 있다. 하나님께서 우리가 필요로 하는 계시를 주실 것이고, 개인적으로 우리 각자에게 알맞은 것을 주실 것이다.

여러분을 향한 하나님의 뜻이 무엇인가? 당신은 예수의 영을 운반하는 사람이기 때문에 당신을 향한 하나님의 뜻은 그분의 아들을 위한 그분의 표현과 같을 것이기 때문이다(눅 4:18-19). 그분은 당신이 가는 곳마다 하나님의 나라가 임하도록 당신을 사용하시기를 원하실 것이다. 하나님의 나라는 사랑과 긍휼이 뒤따른다. 그것은 어둠을 이기는 찬란한 승리의 빛이다.

그분의 명령을 준행할 준비

내가 이 장을 준비할 때, 평범한 상황 속에서 성령님께서 누군가를 어떻게 사용하시는지 좋은 예를 만날 수 있었다.

교회에서 설교할 때, 예배시간 사이에 올리브 가든 레스토랑에서 식사를 하고 있었다. 테이블 담당자가 내게로 왔을 때, 내 영 안에서 잡아 끄는 것을 느꼈다. 이 젊은이를 향한 아버지의 사랑을 느꼈고, 예언적인 격려의 말을 그에게 해주었다.

"당신은 정말 신실하군요. 하나님께서 당신의 신실함에 보상하실 것입니다. 당신은 목회에 부르심이 있으시군요. 사실상, 당신의 아내-나는 간절히 그가 결혼했기를 바랐다-는 정말 주도적이고 그녀의 기도가 하나님 안에서 당신을 다음 장소로 진행하도록 당신을 앞으로 나아가도록 도와줄 것입니다."

물론 이 남자는 놀랐다. 그는 내가 누군지 내가 그를 모르는지조차 몰랐었다.

나는, "주위에 아내가 와있나요?"라고 물었다.

그는, "네, 그녀도 여기서 같이 일해요! 가서 데리고 올게요. 당신이 방금 한 말을 진짜 들어야 해요." 결국 이 남자는 청년 목회자였으나 올리브 가든에서 전임으로 일하고 있었고 그의 아내 역시 그랬다. 그 위로의 말은 그들로 하여금 신실하게 살아가도록 했다. 그것은 하나님께서 그들과 함께하심을 알도록 도와주는 것이었다.

나라가 임하옵시며

겸손히 그리고 감사하는 마음으로 날마다의 일상을 신실하게 살아갈 때 우리의 목표는 하나님 나라의 시민으로서 초자연적으로 자연적인 삶을 살아가게 되는 것이다. 하나님 나라 안에서 제자도에 관한 기초, 근본, 준비된 진리들을 절대로 잊지 말라. 그러나 또한 내가 나의 아내를 위해 기도했던 '배가의 기름부음'을 구하는 것을 두려워하지 말자.

주님, 수정같이 맑은 생명수, 주님의 성령을 우리 위에 그리고 우리를 통하여 부어 주소서. 우리의 영과 혼이 정결하게 씻겨지게 하소서. 기록된 말씀과 새로운 것을 알게 하는 말씀 두 가지 모두를 명확하게 알게 하소서. 그리고 우리가 자신들을 주님께 산 제사로 드리게 하소서.

되돌아보기

우리는 초자연적인 삶으로 자라가야만 하며, 살아 있는 말씀으로 우리의 영에 영양분을 공급할 길을 항상 찾아야 하며, 주님께서 우리에게 명하시는 것은 무엇이든지 항상 순종할 준비가 되어 있어야 한다. 초자연적 삶은 기적과 치유 그리고 다른 초자연적 현상들뿐만이 아니다. 대체적으로 그것은 하나님의 뜻에 순종하고 경건한 성품으로 변화되어 성장하는 제자도로 이루어져 있다.

1. 초자연적 삶을 사는 데 있어 지름길이 없다고 이야기하는 이유는 무엇인가?

2. 이 장을 읽으면서, 스스로 '근본적인 부분을 확인'했는가? 여러분이 찾은 잠정적인 약점 혹은 갈라진 틈은 무엇인가? 그것들을 어떻게 하기로 결정했는가?

3. 이 번 장을 읽고 나서, 주님께 자신을 산 제사로 드리기 위해 무엇을 추가적으로 해야 할 것인가?

5장

지름길은 없다

수 년 동안, 교회는 두 종류의 사역을 감당해 왔다. '유성 사역(Shooting Star ministries)'과 '북극성 사역(North Star ministries)'이다.

유성 사역은 육체 안에서 갑자기 일어나는 것으로, 금식하고 빛을 발하는 것이다. 짧은 시간 동안, 격렬하게 불타올랐으며, 자신에게 상당히 집중하게 했다. 그들은 잠시 동안 빛났지만, 오래가지는 못했다. 대체적으로 도덕적 실패 혹은 또 다른 치명적인 결점으로 인해 모두가 너무나 급격히 사라졌다.

그러나, 북극성 사역은 그 이름과 같이 북극성이다. 그들은 안정적이고 한결같다. 그들은 아주 현란하지 않지만, 그들은 불확실성의 물결 위에서도 이 세대에서 다음 세대에게 지침을 줄 수 있고, 죄의 먹구름 속에서도 술취하거나 차츰 꺼져 간다거나, 주저하는 것 없이 해낼 수 있다. 그들은 어둠 속을 안내해 주는 등불이다.

유성 사역에 있는 사람들은 오직 '기름부음'만을 추구한다. 그들은 경건한 성품의 계발을 인내하지도 않고 하나님의 지혜를 분별하는 법 역시 배우려 하지 않고 하나님의 충만한 능력만을 추구한다. 그들은 순종과 신실함의 셀 수 없는 작은 행동들과 경험이 쌓여 느리지만 꾸준히 성숙하게 자라게 되는 데 인내하지 못한다. 유성 사역자들은 선불로 아무것도 지불하지 않지만 결국에는 몹시 비싼 대가를 치르게 된다.

북극성 사역자들은 높은 길을 취한다. 이 길은 개인적으로 값비싼 대가를 요구하며 지름길이 없다. 이 길로 여행하는 사람들은 날마다 자신의 십자가를 짐으로써 제자도의 대가를 치르고 성령님께 순복하고 예수님의 명령을 따르는 데 한 걸음 한걸음이 고통스럽다. 그들은 그분의 형상에 일치되기 위해 그들 자신을 하나님의 뜻과 그분의 말씀에 순복시켰다. 하나님께서 그들에게 주신 은사들을 운반하기 위해 성품을 계발시켜 왔다.

나는 북극성 사역자가 되고 싶다. 당신은 그렇지 않은가? 나는 십자가에 입맞추기를 원하고 한 조각 깨어짐으로 사라지길 원한다! 팬 안에 불꽃이 되길 원하지 않는다. 하나님 나라를 위해 오랫동안 열매를 맺고 온전하게 성숙되어지기를 원한다. 내가 나의 길을 마쳤을 때 나는 그분께서 칭찬하시는 말을 듣기를 원한다.

진정으로 초자연적인 삶은 이전 장에서도 언급했듯이, 확고한 기초 위에 세워져야 한다. 우리는 거룩함과 좀더 깊이 있는 개인적 인품의 문제를 탐구할 필요가 있다.

산상수훈 대로 살아가기

우리 부부는 둘 다 놀라운 꿈을 꾼 경험이 있다. 하나님께서 어떻게 그분의 백성들에게 꿈을 통해 말씀하시는지 더 이해하기를 힘써 왔는데 꿈의 중요성은 길이와는 상관없음을 깨닫게 되었다. 사실상, 가장 의미 있는 꿈들 대부분은 그동안 꿨던 꿈들 중 가장 짧은 것들 이었다.

예를 들어, 2007년 가을 내 꿈에 한 노인이 나타났다. 단호하고 단정하게 생긴 용모에 쉰 목소리로, 내게 말하길, "너는 너무 늙어서 결코 산 위에서 설교할 수 없다"고 했다. 내 안 깊은 곳에서 이 말들이 울리면서 이 간단한 꿈에서 깼고, 마태복음 5장과 6장, 그리고 7장에서 예수님께서 하신 말씀을 다시 보기로 결심했다.

"심령이 가난한 자는 복이 있나니"(마 5:3)로 시작하여 "의를 위하여 박해를 받은 자는 복이 있나니"(마 5:10)로 귀결되는 팔복으로 시작한다(확대성경본을 보는 것이 좋은데, 예를 들어, 첫 번째 복은, "심령〔그들 자신 스스로를 대수롭게 여기지 않는 겸손함〕이 가난한 자는 복〔행복하나니, 선망의 대상이 되나니, 그리고 영적으로 풍성하나니-그들의 외적 상황들에 개의치 않고 하나님의 은총과 구원이 있나니] 이 있나니 천국이 저희 것임이라!").

예수님은 어떻게 하면 "소금"과 "세상의 빛"이 되는지를 청중들에게 계속해서 말씀하신다(마 5:13-16). 그분은 구약 율법의 완성이심을 언급하셨고 또한 그들이 성취해야 할 예언이 있음을 말씀하신다. "내가 너희에게 이르노니 너희 의가 서기관과 바리새인보다 더 낫지 못하면 결코 천국에 들어가지 못하리라"(마 5:20).

살인 혹은 간음 등을 삼가하라고 설명하는 것만으로는 충분하지 못하며 구약의 의미를 더 확대시키신다. 그분의 추종자들은 살인적인 분노 혹은 음욕에 찬 생각마저도 삼가해야 한다(마 5:21-32). 주 예수님은 심지어 원수와 함께 "억지로 오 리를 가게 하거든 그 사람과 십 리를 동행하라"고 하셨고, 맹세하는 것을 금하셨다(마 5:33-42). 그리고 나서, 원수들에 대해 말씀하시기를, "너희에게 이르노니 너희 원수를 사랑하며 너희를 박해하는 자를 위하여 기도하라", "그러므로 하늘에 계신 너희 아버지의 온전하심과 같이 너희도 온전하라"고 하셨다(마 5:44-48).

예수님의 명령을 성취하고 산상 수훈을 지켜 나가기에 그 누구도 너무 늦지 않았다. 내가 보는 것처럼, 당신도 보기를 시작했는가?

"온전하라!"

그것은 아직 끝나지 않았다….아직 멀었다. 예수님은 그저 시동을 걸기 시작하셨을 뿐이다. 예수님은 계속해서 익명으로 궁핍한 사람들을 돕는 것에 대해서 말씀하신다. "너는 구제할 때에 오른손이 하는 것을 왼손이 모르게 하여"(마 6:3) 다른 사람들이 어떻게 생각하든지 상관없이 구제하는 것이 아니라, 또한 기도하고 금식하는 방법 역시 가정하신 것이다(마 6:5-18). 지금 우리가 주기도문(마 6:9-13)이라 부르는 기도의 모델을 포함해서 말이다. 그리고, 용서에 대한 핵심을 언급하시는 특별한 부분이 있다. "너희가 사람의 잘못을 용서하면 너희 하늘 아버지께서도 너희 잘못을 용서하시려니와 너희가 사람의 잘못을 용서하지 아니하면 너희 아버지께서도 너희 잘못을 용서하지 아니하시리라"(마 6:14-15).

이와 같은 맥락에서, 하늘에 보물을 쌓아 두는 것에 대해서도 말씀하신다. 한 개인의 눈이 그 몸의 '등불'이며 그리고 누구도 하나님과 맘몬(돈)을 둘 다 섬길 수 없음을 말씀하신다(마 6:19-24).

그후에 걱정하지 않는 것에 대한 말씀을 시작하시는데(마 6:25-34을 보라), 다른 사람들을 판단하지 말라는 강한 말씀으로 시작하셨다(마 7:1-6을 보라). 아직 그 의미가 완전히 밝혀진 것은 아니지만, 주 예수님은 "좁은 길"에 대해 말씀하셨고(마 7:13-14을 보라), 네가 필요한 답을 얻을 때까지 계속해서 간구하고, 찾고, 두드리는 것의 중요성에 대해 말씀하셨다(마7:7-12).

예수님은 양의 옷을 입고 노략질하는 늑대 같은 거짓 선지자들에 대해 강력하게 경고하셨는데(마7:15-20을 보라), 그 후에 주 예수님께서는 다음과 같이 경고하시면서 설교를 마치셨다.

> 나더러 주여 주여 하는 자마다 다 천국에 들어갈 것이 아니요 다만 하늘에 계신 내 아버지의 뜻대로 행하는 자라야 들어가리라 그 날에 많은 사람이 나더러 이르되 주여 주여 우리가 주의 이름으로 선지자 노릇 하며 주의 이름으로 귀신을 쫓아 내며 주의 이름으로 많은 권능을 행하지 아니하였나이까 하리니 그 때에 내가 그들에게 밝히 말하되 내가 너희를 도무지 알지 못하니 불법을 행하는 자들아 내게서 떠나가라 하리라(마 7:21-23).

명백하게, 우리는 평생 동안에 걸쳐 성장하게 된다. 지름길을 구하는 유성 사역자들은 말하길, "주여! 주여!" 하지만, 하늘에 계신 아버지의 뜻대로 행하는 북극성 사역자들은 꾸준하다. 우리는 모두 북극성 사역자 같은 성도들이 되도록 하시는 성령님의 도우심이 필요하다!

듣고 기다리고 기다리기

영적으로 단호하고 강건하게 성장하기 위해, 우리가 중요시 여기는 것들을 제쳐둘 수 있어야 한다. 우리는 다음에 나오는 잠언 저자의 지혜를 받아들여야 한다.

> 아들들아 이제 내게 들으라 내 도를 지키는 자가 복이 있느니라 훈계를 들어서 지혜를 얻으라 그것을 버리지 말라 누구든지 내게 들으며(listen) 날마다 내 문 곁에서 기다리며(wathching) 문설주 옆에서 기다리는(waiting) 자는 복이 있나니 대저 나를 얻는 자는 생명을 얻고 여호와께 은총을 얻을 것임이니라 그러나 나를 잃는 자는 자기의 영혼을 해하는 자라 나를 미워하는 자는 사망을 사랑하느니라(잠 8:32-36).

세 개의 이탤릭체로 된 단어들은 현재 계속적인 시제이다. 행동이 진행되고 있고 아직 끝나지 않았다. 이것은 "나의 목소리를 한 번 들었던 사람은 복이 있다"가 아니라 오히려, "계속해서 나를 듣고 있는 사람이 복되다"라는 뜻이다. 이는 기다리고 계속해서 기다리는 사람을 말한다. 기다리고 참고 인내하며 깨어 경계하고 있으며 계속해서 기다리는 것을 의미한다.

이러한 세 가지를 하는 사람은 복되다. 왜냐하면 그는

하나님만을 구하고 하나님만을 찾고 진리와 초자연적인 삶을 찾기 때문이다. 듣고 기다리고 기다리는 그(혹은 그녀)-지칠 줄 모르게 그리고 신실하게 -는 하나님의 생명을 온전하게 받기 위해 올바른 자리에 위치할 것이다. 그것이 내가 원하는 바이다. 여러분은 어떠한가?

이것이 여호수아가 원했던 것이다. 그는 회막 입구에서 오래 남아 있으면서 듣고 기다리고 기다린 우리의 모델이 된다. 다른 사람들이 자신들의 처소에 머물렀을 때, 젊은 여호수아는 모세가 하나님과의 만남에서 나올 때까지 기대감을 가지고 기다렸다. 여호수아는 항상 하나님의 영광이 반영된 모세의 표정을 가장 처음 본 사람이었다(출 33:7-11).

다윗 역시 잘 듣는 사람이었고 하나님의 집 문턱에서 기다리고 기다리는 기술을 아는 사람이었다. 다윗의 가장 잘 알려진 시편을 살펴보자.

> 주의 궁정에서의 한 날이 다른 곳에서의 천 날보다 나은즉 악인의 장막에 사는 것보다 내 하나님의 성전 문지기로 있는 것이 좋사오니 여호와 하나님은 해요 방패이시라 여호와께서 은혜와 영화를 주시며 정직하게 행하는 자에게 좋은 것을 아끼지 아니하실 것임이니이다(시 84:10-11).

다윗은 우리의 모형이 되었다. 왜냐하면 예수님과 우리는 하나님의 나라 안에서 왕들로 세워졌기 때문이다. 우리 모두는 선지자요, 제사장이요, 우리를 구원하신 한 분에게 제한 없는 예배를 올려 드리는 자들이다. 다윗은 왕이었다. 선지자요 제사장이었다. 그는 끊임없는 예배를 드리는 장막을 지었다. 그는 하나님의 문지방에서 듣고 기다리고 기다리는 한 사람으로서 시작했고, 다른 어떤 왕보다 존귀한 생을 마감했다.

듣기

하나님의 음성을 듣는 기술을 배우기 위해 가장 좋은 방법은 쓰여진 말씀을 읽고 개인적으로 취하는 것이다. 예를 들어, 여기에 내가 좋아하는 구절을 살펴보도록 하자.

> 주 여호와께서 학자들의 혀를 내게 주사 나로 곤고한 자를 말로 어떻게 도와 줄 줄을 알게 하시고 아침마다 깨우치시되 나의 귀를 깨우치사 학자들 같이 알아듣게 하시도다 주 여호와께서 나의 귀를 여셨으므로 내가 거역하지도 아니하며 뒤로 물러가지도 아니하며(사 50:4-5).

듣는 귀를 주시도록 간구하며, 전 생애에 걸쳐 이 구절들로 기도할 수 있다.

잘 알려진 성전 정화 사건은 듣는 것에 대한 단어들을 쉽게 놓쳐버리고 끝난다. "예수께서 날마다 성전에서 가르치시니…〔그리고〕백성이 다 그에게 귀를 기울여 들으므로(눅 19:47-48)." 그분은 꾸준히 매일 성전에서 가르치신다. 여러분의 성전에서 그분의 말씀에 집중하고 있는가?

틀림없이 우리 중 누구도 아주 똑같은 방법으로 '듣지'는 않는다. 이것이 우리 하나님의 음성을 듣는 데 있어 아름다운 한 면이다. 이 책이 포함된 '이렇게 하라' 시리즈의 하나인 '하나님의 음성을 이렇게 들으라'를 포함하여 하나님의 음성을 듣는 여러 방법에 관해서 이미 여러 권의 책을 썼다. 여러분이 그분의 음성을 들을 때 하나님의 음성에 귀를 잘 기울이는 법을 배우게 될 것이다. 당신은 실제적인 음성을 듣지 않을 수도 있을 것이다. 종종 당신이 '듣는' 것은 하나님께서 각인시켜 놓으신 순간의 생각처럼 듣게 된다.

때로 나는 내 머리 속에 노래 가사 같은 것이 맴돌며 잠에서 깨어난다. 그것은 하나님께서 내게 말씀하고 계신 것이다. 때로는 내 영의 눈-비전-이 사진들을 보거나 내가 꿈꿨던 것들은 '밤에 보이는 환상들'로 간주하기도 한다. 비전을 들을 수 있다는 것을 알고 있는가? 자, 여러분도 들을 수 있다. 사진들이 여러분에게 하려는 말들에 그저 집중하기만 하면 된다.

이제 변화산 상에서 하나님의 음성을 실제적인 음성으로 들었던 제자들을 살펴보자(막 9:7-8). 그들은 "이는 내 사랑하는 아들이니 그의 음성을 들으라!"는 말을 들었다. 아버지께서는 예수님의 목소리를 계속해서 청종하라고 말씀하고 계셨다. 예수님께서 하늘로 승천하셨을지라도 계속해서 그분의 음성을 들어야 한다. 예수님께서 그의 제자들을 두고 떠나실 때, 그분은 성령님을 보내셨고, 그들이 하나님의 음성을 듣도록 도왔던 것처럼 성령님께서는 우리를 도우신다.

하나님의 음성을 듣지 못하게 하는 장애물

만일 하나님께서 항상 말씀하고 계신다면, 그리고 만일 그분께서 보내신 성령님이 우리로 하여금 듣도록 도우신다면, 왜 오늘날 크리스천들은 규칙적으로 하나님의 음성을 듣지 못하는 것일까? 믿는 자들의 영적인 귀가 마비된 이유를 일곱 가지로 규정지어 보았다.

첫째, 오늘날 하나님께서 말씀하신다는 믿음의 결핍(다른말로 하자면, 은사폐지론; 이것은 11장에서 더 자세하게 다루겠다)

둘째, 주님이신 예수님에 대한 헌신의 부재.

셋째, 아직 자백하지 않은 죄가 있거나 '이중 잣대' 라이프 스타일

넷째, 모든 성도들의 특권인 개인적으로 하나님의 음성을 듣는 영적 경험에 대한 무지

다섯째, 듣는 기도를 경험하는 데 대한 가르침의 부재

여섯째, 광신도 혹은 심지어 정신병자라고 불리는 것에 대한 두려움

일곱째, 잘못된 영이나 대적에게 잘못 이끌리는 데 대한 두려움

이 책이 이와 같은 사람들에게 하나님의 음성을 듣지 못하게 하는 장애물을 극복하는 데 도움을 주기를 바란다.

하나님께서 말씀하시고 계신가?

만약 다음의 문장에 긍정적으로 대답한다면 하나님은 여러분에게 말씀하고 계시고 여러분은 그분의 음성을 듣고 있다고 할 수 있다.

- 만약 여러분이 듣고 있는 것을 통해 하나님을 경외하고 거

룩하게 살게 된다면, 여러분은 주님의 음성을 듣고 있는 것이다(욥 28:28).
- 만약 여러분이 듣고 있는 것이 믿음을 불러일으킨다면, 주님의 음성을 듣고 있는 것이다(잠 4:7).
- 만약 여러분이 들은 음성에 따른 결과가 성령의 열매(순결, 평화, 인자, 자비, 공손함, 선한 행실, 진실함)를 맺는다면, 주님의 음성을 듣고 있는 것이다(약 3:17)
- 만약 여러분이 듣고 있는 것이 "그의 영광의 힘을 따라 모든 능력으로 능하게 하시며 기쁨으로 모든 견딤과 오래 참음에 이르게 하시고," 그리고 기쁨을 가져다 준다면, 주님의 음성을 듣고 있는 것이다(골 1:11-12).

여러분이 하나님의 음성을 들어왔든지 아니든지 이를 확인할 수 있는 지표를 한 가지 더 주고자 한다. 거의 대부분의 경우, 그분은 그분의 도움 없이 우리가 성취할 수 없는 무엇인가를 하라고 말씀하시지 않을 것이다! 언제나 '하나님의 것'을 하게 하신다. 진정으로 초자연적인 삶을 살기 위해서는 계속해서 그분을 듣고 또 들어야 한다.

기다림

하나님의 왕국에 지름길이란 없다는 말에 밑줄을 그었

던 것 같이, 이사야는 하나님의 기다림에 대한 중요성을 썼다. 사실 그분은 우리를 기다리신다.

> 그러나 여호와께서 기다리시나니 이는 너희에게 은혜를 베풀려 하심이요 일어나시리니 이는 너희를 긍휼히 여기려 하심이라 대저 여호와는 정의의 하나님이심이라 그를 기다리는 자마다 복이 있도다(사 30:18).

하나님께서는 기다리시고 우리에게 자비를 보여 주시고 정의를 보여 주시기를 갈망하고 계신다. 그러므로, 우리가 그분께서 일하시기를 기다릴수록 더 많은 축복을 받게 될 것이다. 그분은 주먹을 꽉 쥐고 벌주시려고 기다리시는 분이 아니시다. 그분은 우리에게 축복을 주시기 위해 손을 펼치고 기다리고 계신다.

앤드류 머레이는 그의 책 '하나님만 바라라'에서 다음과 같이 쓰고 있다.

> 우리는 하나님을 기다릴 뿐 아니라, 또한 우리를 기다리시는 하나님의 더욱 더 경이로운 잠잠함을 생각할 수 있어야만 한다. 우리를 기다리시는 하나님의 비전은 우리가 그분을 기다릴 때 새로운 충격과 영감으로 다가올 것이다. 기다림이 결코 헛되지 않다는 자신감을 우리에게 줄 것이

다….그분의 보좌에 계신 위대하신 하나님을 바라고 바라라. 그분은 사랑이시다. 자신의 피조물들에게 그분의 선하심과 축복으로 관계 맺으시기를 끊임 없이 그리고 말할 수 없이 갈망하고 계신다. 그분은 축복하기를 기뻐하시고 원하신다. 그분은 자신의 자녀들 각자를 향해 상상할 수도 없는 성령의 능력에 의한 영광스런 목적을 가지고 계시고…아버지의 성령으로 모든 이들을 기다리고 계신다…. 만약 우리가 구한다면, 만약 내가 그분을 기다렸음에도 그분은 여전히 기다리신다면, 우리가 구할 수 있도록 도우시지 않을까? 그러나 기다림이 길어진다면 어떨까?…하나님은 자신의 사랑이 축복을 기다리는 영혼을 성숙시킬 것이라는 사실을 아는 현명한 남편이시다. 시험의 구름 아래에서 기다리는 것 또한 필요하다. 만약 하나님께서 우리가 바라는 것보다 더 오래 기다리신다면, 그것은 오로지 두 배의 축복을 주시기 위함인 것임을 확신하라. 선물보다 그 선물을 주시는 분이 바로 하나님이시다. 하나님은 축복 이상이시다. 그분 안에서 우리의 생명과 기쁨을 찾는 것을 배울 수 있는 유일한 방법은 우리의 모든 존재를 다해 기다리는 것이다…. 하나님은 그분의 사역을 자신과 그분의 때를 기다리는 우리의 기다림 없이 행하시지 않는다. 기다림이 그분의 일인 것처럼 우리의 일이 되게 하라. 그리고 그분의 기다림은 선함과 은혜가 아니고서는 아무것도 아니므

로, 우리의 기다림도 그분의 선하심 안에서 기쁨과 은혜를 기대하는 자신감이 되게 하라.[1]

파수하기

'파수하기(watching)'는 기다림(wating)과 듣기(listening)의 조합이다. 두 단어 모두 능동적으로 배우는 것을 통해 훈련될 수 있는 은사이다. 파수하기는 기다림과 듣기, 두 영적 은사 모두 계발되어야 가능하다. 이 두 은사가 연합했을 때 그 효력을 발휘하기 때문이다.

파수꾼은 고대 도시를 보호했던 본연의 임무처럼 기다리고 바라보고 듣는다. 하박국이 쓰기를,

> 내가 내 파수하는 곳에 서며 성루에 서리라 그가 내게 무엇이라 말씀하실는지 기다리고 바라보며 나의 질문에 대하여 어떻게 대답하실는지 보리라 하였더니(합 2:1).

하박국은 영적으로 듣고 보는 그의 능력을 풀어낼 파수꾼의 핵심적인 내적 자질을 가지고 있었다. 모든 파수꾼들같이 그는 두 가지의 기본적인 과업을 실행하기 위해

---

[1] 앤드류 머레이, '하나님만 바라라'(이종태 역, 생명의 말씀사, 2008)

기다리고 있었다.

> 첫째, 대적을 향해 도시를 보호하기 위해, 위험이 닥치면 사람들에게 경고하고 대적의 급습에 대항하기 위해
> 둘째, 도시 안으로 들어오도록 허가받은 대사를 영접하기 위해

성령으로 충만한 성도들, 즉 여러분과 나는 '파수할 의무'로 부름을 받았다. 우리가 임명 받은 위치는 하나님 나라의 '성벽' 위인 것이다. 그곳에서 우리의 기질과 상황들을 완벽하게 맞추어 간다. 몇 년 전 내가 살던 동네 입구에는 '이 구역은 보호 감찰 중'이라는 글귀가 있었다. 이것이야말로 정확한 예언적 선언이라 생각했었는데, 앞으로 이러한 일들이 허다하게 일어날 것이기 때문이다. 우리의 통치 영역 안과 밖에서 청지기로서의 책임감을 가지고 하나님의 문설주에서 날마다 듣고 파수하며 열린 귀를 가진 제자들이 되어야 할 것이다. 파수꾼들은 문지기들이다. 그들에게는 도시, 혹은 가정의 핵심을 담당하는 책임이 주어졌다. 그들에게 묶거나 푸는 권세, 사로잡거나 허가하는 권세가 위임되었다.

예수님께서 겟세마네 동산의 고난 가운데 계실 때 가까이에서 그분의 제자들은 잠에 빠졌다. 예수님은 그들을

깨우시며 "너희가 나와 함께 한 시간도 이렇게 깨어 있을 수 없더냐?"(마 26:40) 라고 상기시키셨다. 예수님은 제자들에게 깨어서 기도하라고 말씀하신 것이 아니라, 그저 경계하고 파수하라고 하셨다. 그분의 말씀은 이러했다, "내가 저기 가서 기도할 동안에 너희는 여기 앉아 있으라(마 26:36)."

많은 경우에, 우리가 이러한 일을 하기를 원하신다. 하지만 우리에게는 성령님의 도우심이 필요하다. 주님께 책망받거나 원수가 잠입하여 공격하는 것을 허락함(겔 33:6)으로 고통받기를 원하지 않는다.

하나님께서 행하실 전체의 시간을 주시하며 그분의 축복을 신실하게 기다리며 하나님의 음성을 듣기 위해, 우리의 긴, 느리고도 꾸준한 믿음의 여정을 다시 시작하도록 하자.

되돌아보기

초자연적 삶은 지름길이 없다. 은사와 점진적 성장 둘 다 그러하다. 여러분은 그 대가를 치르겠는가?

1. 유성 사역자의 삶과 북극성 사역자의 삶의 차이점은 무엇인가?

2. 왜 우리의 삶에서 지금도 또한 지속해서 듣고, 파수하고 주시해야 하는가?

3. 듣는 것과 기다리고 파수하는 것 사이에는 어떠한 관계가 있는가? 이러한 수동적이면서도 활동적인 접근이 초자연적인 삶에 다가가게 하는가?

6장
자연스럽게 사는 초자연적인 삶

많은 이들은 자신이 어디로 가는지 알고 있다고 생각한다. 그들은 앞으로의 몇 년간을 더 계획하거나 덜 계획한다. 가족, 직장, 사역. 아마도 그들은 자신의 계획이 하나님께서 말씀하신 것이고 그것이 옳은 것이라 느낄지도 모른다.

그러나 과연 잘 알고 있는 것일까? 나는 그렇지 않다고 생각한다. 최종 종착지인 천국 밖에는, 성령님의 바람이 나를 어디로 이끄실지 확신하지 못한다. "바람이 임의로 불매 네가 그 소리는 들어도 어디서 와서 어디로 가는지 알지 못하나니 성령으로 난 사람도 다 그러하니라"(요 3:8).

잠언 기자가 또한 말한다. "사람이 마음으로 자기의 길을 계획할지라도 그의 걸음을 인도하시는 이는 여호와시니라"(잠 16:9). 그리고 주님은 바람과 같이, 목적이 있으시지만 예측하기 어려운 분이시다.

초자연적인 것이 자연스러운 것이 되려면 바람에 대한 이해가 필요하다. 무엇보다 바람은 눈으로 볼 수 없다. 바람의 현상은 관찰할 수 있으나 바람 자체는 눈으로 볼 수 없다. 그러나 바람을 듣고 느낄 수 있다. 그러나 바람을 느끼고 듣는다 할지라도 여전히 바람이 어디서 불어서 어디로 가는지 예상할 수는 없다.

바람은 잔잔할 수 있지만 또한 무서울 정도로 강력하다. 대부분의 경우 바람이 잦은 장소는 바람의 힘으로 마구를 채울 수 있다. 사람들은 풍력을 이용해서 항해를 하고 풍차와 같은 기구들을 계발하여 풍력을 이용해 왔다. 나 역시 부모님께 물려받은 낡고 허름한 풍차가 하나 있다. 예쁘지는 않지만 아버지의 풍차였기 때문에 그것을 소중히 여기고 있다. 그것은 내가 원하는 삶이 어떠한 것인가에 대한 예언적인 상징이 되었다. 나는 바람을 잡고 싶다. 바람이 오는 근원지를 가리키고 싶다. 그분의 권능으로 그분의 사역을 하기 위해 내 안에 성령의 바람이 채워지기를 원한다.

초자연적으로 살기 위해 우리 각자는 성령님의 바람을 타고 나가는 법을 배워야 할 필요가 있다. 그러나 우리는 거의 바람이 우리보다 앞서가게 하지를 못하고 있다. 바람의 능력으로 어떻게 마구를 채울 것인지 배워야 한다. 바람의 방식을 더 많이 이해할수록 우리가 살고 있는 '바람 많은' 환경 속에서 더 편안하게 사는 법을 배울 수 있을 것이다.

취하는 법을 잃어버림

항해에 관해서보다는 풍차에 관해서 더 많이 알지만 항해에 관해 알고 있는 것 한 가지는 우리가 원하는 방향으로 바람이 가게 할 수 없다는 점이다. 사실 많은 경우, 여러분의 목적지까지 가는 가장 최선의 길은 그저 곧게 나가지 않는 것이다. 다시 말해 '뱃길,' 혹은 이쪽에서 저쪽으로 방향을 바꾸며 목적지까지 물 위를 지그재그로 가는 것이다.

두 지점의 최단 거리는 직선이라고 생각할 것이다. 그러나 기억하라, 하나님과 동행함에 있어 지름길은 없다. 우리의 항해는 역풍을 거슬러 올라가서 바람을 잡으려고 하는 듯 보인다. 그러나 다시 위치를 잡으려면 계속해서 그 바람 안으로 항해해 들어갈 뿐이다. 다시 목적지를 잡으려면 스스로 앞 뒤 방향을 잡고 다시 각도를 잡는 것을 배워야 하며 이러한 작업을 통해 앞으로 나아가는 과정을 계속 배우는 것이다.

이것이 하나님과 함께하는 삶이다. 우리가 이 길로 항로를 잡으면, 하나님께서는 저쪽 길로 각도를 잡으시는 것이다. 어떤 과정에서 멈출지 알고 언제 포지션을 바꾸어야 할지 배우면서 그분의 바람과 함께 항해한다. 마지못해 바람에게 조종대를 양보하지만 배가 뒤집히는 것으로부터 스스로를 보호하기 위해 개인적인 경험과 다른 이들의 경험을 종합하여 그 상황에 맞는 원리들을 배우게 된다.

초자연적인 삶을 사는 것은 항해와 마찬가지이다. 바람이 같은 방향으로 계속 불지 장담할 수 없는 것이다. 바람이 불거나, 혹은 불지 않거나 바람에 따라 우리는 반응하게 된다. "어디서부터 바람이 불지?"라거나 "왜 이쪽으로 바람이 불지?"라는 질문은 할 수 없다. 그저 우리는 현재 상황이 어떠한지 읽어내고 어떻게 항해해야 하는지를 알아내야만 한다.

초자연적인 것, 개인적인 것

성령님 안에서 항해하는 것에 대해 말할 때면 초자연적 삶은 마치 추측 게임과 스킬 게임처럼 들린다. 초자연적 삶은 관계를 기반으로 한다. 그리고 언제나 개인적이다. 사실 초자연적 영역으로 들어갈 때 잘못된 종류의 어두운 영계로 미끄러질 수 있는데 이는 관계성과 사랑을 전혀 그 바탕으로 하지 않는다. 진정한 초자연적 삶은 언제나 개인적인 자극이 있다.

왜냐하면 초자연적 삶은 개인의 삶에 영향을 미치는 것

일 뿐 우리가 초자연적 슈퍼스타가 될 필요는 없기 때문이다. 하나님은 그분의 가장 중요한 사역을 위해 평범하고, 일상적인 사람들을 사용하기를 기뻐하신다. 그분은 항상 그래 오셨고, 그러하실 것이다. 내 아내의 말을 빌리자면, "하나님은 동일한 기회를 주시는 분이시다."

이러한 항해와 그분의 바람을 타면서 우리는 하나님의 기름부으심을 운반하는 사람이 될 수 있다. 성령님의 초자연적 흐름에 의해 행동하도록 강요받는다고 느꼈을 때 우리가 갈 수 있다고 전혀 예상치 못했던 곳으로 가게 하실 수도 있다.

성령님의 흐름은 다른 사람들의 필요를 알 수 있게 해 주고 심령의 아픔을 이해 할 수 있도록 해준다. 우리의 마음은 긍휼에 의해 움직이게 된다.

하나님께서 우리에게 보여 주시도록 기도했던 것과 같이 우리에게 필요한 지혜를 주실 것이다. 그분은 어디에 가서 어떻게 일을 할지 보여 주실 것이고 이곳에서 저곳으로 장소를 옮기시게 하며 다른 곳으로 가도록 하시기도 한다.

이렇게 해나가다 보면 마치 춤을 추는 것과 같이 점점 더 잘하게 될 것이다. 가끔씩 하나님께서 우리를 놀라게 하실 것이지만 기뻐하게 될 것이다. 시간이 지날수록 훌륭한 댄스 파트너와 같이 우리의 파트너인 그분과 동행하는 것이 더욱 편안해지기 시작할 것이다. 결국 여러분 안에 그분의 이미지를 반영하게 될 것이다.

초자연적인 삶을 살아가는 것은 사랑, 순결, 거룩, 다정함, 자비, 친절, 겸손, 온화함, 인내, 참음 그리고 그 이상의 것들로 옷입게 되는 것이다. 이러한 것들은 우리의 속사람 깊은 곳에서 성령님께서 거하시는 곳으로부터 흘러 나오게 될 것이다. 그분과 가까이에서 관계를 가지며 살아 가는 것은 우리로 하여금 더욱 유연한 삶의 규모를 가지게 할 것이다. 그리고 인간적인 필요에 의해 억압받는 것과 여러분 자신이 소유하고 있는 것을 의지하고자 하는 마음이 줄어들게 되고 더욱 더 그분께 의지하게 된다.

그리고 어디를 가든 초자연적인 삶이 더욱 자연스러운 것이 될 것이다. 고속도로를 달릴 때, 공항에서 기다릴 때, 식당에서 식사할 때, 정원을 거닐 때, 밤에 아이들을 잠재울 때에도, 어느 때나 우리가 속한 모든 장소에서 그분의 생명이 비추일 수 있도록 허락할 수 있다. 우리 모두는 결국 초자연적인 삶의 양식을 따라 살게 될 것이다.

지속적으로 초자연적인 삶을 살기 위해서는 인격을 요구한다. 초자연적인 성령님은 당신으로 하여금 성화된 사람이 되도록 도우실 것이다. 하나님의 성품에 비추어 여러 차례에 걸쳐 우리를 정결하게 씻겨 주실 것이다.

성령의 기름 부으심 속에서 사역하기

1983년 7월, 주님께서 말씀하셨다.

"성령의 기름 부으심 가운데 하는 5분 동안의 기도가 그동안 해왔던 다섯 시간 동안의 상담보다 더 많은 일을 이루게 될 것이다."

하나님께서는 상담이 전혀 쓸모 없는 것이라 말씀하시는 것이 아니었다. 내게 중요한 원리를 가르치시려는 것임에 틀림없었다. 다시 말해 하나님께서 기름 부으시는 것은 그분의 손길이 닿지 않은 것과 비교할 때 어떠한 것이든 더 강력하며 적재 적소에 정확히 필요한 힘을 발휘하는 것이다. 주님의 제안은 너무나 멋진 것이었고 이 음성을 들은 후 네 시간 55분을 더 기도 가운데 머무르게 되었다는 사실을 알게 되었다.

그로부터 '성령의 기름 부으심 속에서 사역하는 것'이 의미하는 바가 무엇인지 더 배우기 시작했다. 그리 놀랄 것도 없이 이러한 삶은 바람에 자신을 내어 맡기며 항해하는 배와 같은 것임을 가장 먼저 깨달았다. 주님께서 내게 보여 주셔서 그대로 행하기 원하시는 표적(sign)을 어떻게 이해해야 할지 배워야 했는데 윌리엄 쿠퍼가 그 유명한 찬송가에 사용된 시구에 적은 것과 같이 하나님께서 다양한 방법으로 일하신다는 사실을 깨달았다.

주 하나님 크신 능력 참 신기하도다.
바다와 폭풍 가운데 주 운행하시네.
(찬송가 80장)[1]

그리고 내게 다양한 선택권이 있다는 것도 알게 되었는데 성령의 기름 부으심 안에 사역하는 법을 배우기 시작하는 순간 어느 때 뛰어 들어 그 흐름 속에 머물러야 하고 언제 뒤로 물러서 기다려야 하는지 알아야 할 필요가 있다는 것을 깨달았다. 그리고 성령님께 의지하는 법과 민감하게 반응하는 법도 배워야 한다. 이러한 과정은 가끔 아주 흥미진진하게 일어나기도 하지만 그렇지 않을 때도 있다. 때로는 초자연적인 현상을 경험하기도 하지만 순전하게 진리 안에서 굳건한 믿음을 증명해야 할 경우도 있다.

성령님의 기름부으심 가운데 사역할 때 최소한 다음과 같은 세 가지 다른 방식으로 기도할 수 있을 것이다.

첫째, 여러분의 육안으로 보이는 것에 따라 기도할 수 있다. 어떤 이에게 성령님께서 임하시기를 기도하고 나서 아버지께서 행하시는 일을 그대로 관찰하며 축복하는 것이다. 성

---

[1] 윌리엄 쿠퍼(1731-1800), '어둠 가운데 비추인 빛(Light Shining Out of Darkness)'

령님께서 임하실 때 여러분은 안수한 이에게 일어나는 자연적인 모든 현상을 보게 될 것이다. 예를 들어, 그 사람에게 어떠한 전율이나 통곡이 있거나, 혹은 갑작스러운 통찰력이 생겨나는 것을 관찰할 수 있을 것이다.

둘째, 여러분의 영적인 눈으로 보이는 것에 의해 기도할 수 있다. 여러분이 기도를 시작하는 순간 육안으로는 볼 수 없는 정신 세계 안에서의 그림과 환상 또는 어떤 이미지를 볼 때가 있다. 또는 무언가를 감지하게 되어 '그냥 깨닫게 되는 경우'가 있다. 그럴 때면 하나님께서 행하시려는 일들을 인지하게 되며 그 가운데 주님의 임재를 초청하게 될 것이다. 흔히 이러한 기도를 '계시적 기도'라고 한다.

셋째, 여러분은 믿음으로 기도할 수 있다. 성경에서 말씀하시기 때문에 이에 순종하여 다른 이들을 위해 기도하는 것이다. 무언가를 느끼거나 감지하지 않더라도, 혹은 여러분이 기도하는 상대가 감정이나 외형적인 반응을 보이지 않더라도 주님의 말씀에 순종하는 것이다. 하나님의 말씀 가운데 '병자에게 손을 얹은 즉 나으니라.' 라고 되어 있다면 이에 순종하여 그대로 따르는 것이다.

이 세 가지의 기도는 믿음을 필수 요소로 갖추어야만 가능한 것이다. 그리고 다소 위험하게 여겨지더라도 모험을 감수해야만 한다. 이에 상응하는 믿음을 갖기 위해서는 성령님을 통해 성부와 성자와 함께 원활한 관계를 유지할 수 있어야 한다. 그래야만 불어 오는 성령의 바람에 어떠한 방법으로 반응해야 할지 선택하는 데 큰 도움을 받을 수 있다.

긍휼과 자비

성령의 바람이 불어와 여러분이 무언가 할 수 있도록 격려하신다고 여겨질 때 여러분의 마음이 긍휼과 자비로 가득한지 살펴볼 필요가 있다. 긍휼은 여러분 안에 계시는 예수 그리스도의 영을 그대로 나타내는 것 중 하나이다. 예수님께서 여러분을 사용해서 무언가를 행하시길 원한다면 그분의 긍휼과 자비가 여러분 가운데 솟아 나올 수 있도록 열어 드려야만 한다. 여러분은 예수님 가까이 머물러 있으며 기꺼이 그분의 사랑을 곳곳에 전파해야 하는 것이다.

이러한 초자연적인 삶의 모습은 종종 대중에게 강렬한 인상을 심어 주려 하는 이들이 행하고자 하는 눈에 보이는 업적에 의해 가려질 때가 있다. 하지만 사랑은 성령 충만한 성도가 행하는 모든 일들을 단단하게 묶는 역할을 해준다. 그 행위가 대중적인 것이든 눈에 띄지 않는 비밀스러운 것이든 상관 없다.

몇 해 전의 일이다. 이른 아침, 하나님의 영이 말씀하시는 것을 들을 수 있었다. 그분의 말씀은 천지를 진동할 정도의 충격을 가져다 준 것은 아니지만 그날 내내 머릿속에서 떠나지 않고 계속 맴돌고 있었다. 그 말씀은 아주 단순한 것이었다.

"나는 자비의 부흥을 일으킬 것이다."

긍휼과 자비! 이것이야말로 그 어떠한 종교적으로 화석화된 교회 생활이나 초자연적 능력의 과장 광고보다 더 절실한 것이 아닐까? 그런데 이러한 긍휼과 자비는 그저 어쩌다 베푸는 호의가 아닌 하나님의 영으로 충만한 삶을 살아가는 평범한 성도들이 어떤 이를 향해 자신의 마음을 전달하기 원하시는 하나님의 음성을 듣고 이에 순종하는 행위로 나타나는 것이다.

혹시 아는가? 여러분을 통해 위로의 말이나 생각지도 않았던 익명의 선물을 어떤 이가 받게 될지 말이다. 어쩌면 누군가의 말을 경청해 주는 것만으로도 여러분 존재 자체가 위로가 될 수도 있고 레스토랑에서 서빙하는 사람에게 의례적이지 않게 많은 팁(봉사료)을 건네 주어야만 할 것 같은 마음에 이를 그대로 실천한 적도 있을 것이다. 그 직원에게 그럴만한 특별한 자격이 없는데도 말이다. 패스트 푸드점에서 음식을 주문하고 기다리는 자동차 안에서 여러분의 뒤에서 기다리는 사람의 음식값도 함께 지불해야만 할 것 같은 기분이 들 때도 있을 것이다. 혹은 슈퍼마켓이나 은행, 또는 미용실 같은 곳에서 다급해 보이는 다음 사람에게 자신의 차례를 양보해야겠다는 생각이 들어 그렇게 한 적도 있을 것이다. 누군가를 위해 기도해야 할 것 같아 그에게 물었을 때 바로 그 때가 그에게 기도가 필요했던 시간이었던 적은 없었는가?

나보다 나이는 어리지만 친구처럼 지내는 먼데이 마틴 (Munday Martin)이 '사랑을 전하는 국제단체(Contagious Love International)'를 결성해 사역을 시작했다.[2] 지난 2년 여 동안 8월 1일부터 21일까지 사람들을 모아 '안전지대로부터 금식하기' 운동에 동참하도록 했다. 21일 동안 그들 각자는 스스로 발견해 낸 안전지대에서로부터 나와 성령님께서 초자연적 특성을 다소 내포한 사랑을 펼쳐 보이시는 곳을 찾았다. 우리의 수동적인 안전 지대 속으로 숨어 버리려는 습관에서부터 벗어나려는 금식의 특성 상 때때로 위협을 느끼기도 했다. 그래서 누가복음 10장 38-42절에 등장하는 마르다와 마리아의 이야기를 묵상하려 노력했다. 우리는 이 운동을 '21 점프 거리(Twenty-One Jump Street)'라 명

---

2 먼데이 마틴이 이끄는 '사랑을 전하는 국제단체' 홈페이지를 방문해 보라. www.contagiousloveintl.com

명했는데 그 이유는 거리로 나가 마음껏 뛸 수 있는 진정한 자유를 갈망했기 때문이다. 먼데이는 다른 이들 역시 이러한 도전을 받아들이고 그들의 거룩하지 않은 안전지대로부터 뛰쳐 나오길 고대하고 있다.

신발과 모자 써 보기

하나님께서는 여러분이 어떠한 종류의 성령의 기름부으심을 간절히 바라고 있는지 알 수 있도록 도우신다. 실제로 내게 행하셨던 방법들을 소개하고자 한다.

몇 해 전, 성령님의 인도하심에 따라 행하는 것을 배우던 중이었다. 그 무렵 환상 속에서 신발을 보곤 했었다. 아주 구체적이고 상세한 내용을 담고 있는 신발들이었는데 내가 알고 있는 사람들의 신발을 그대로 재현하고 있었다. 그래서 성령 사역 중에 어떤 신발을 보게 되면 그 신발 주인에게 임했던 기름부으심이 그대로 나타나게 될 것이라는 사실을 깨달을 수 있었다.

예를 들어, 치유의 전도자 마헤쉬 차브다(Mahesh Chavda)와 많은 시간을 함께 했던 나는 그가 검정색 정장 구두를 늘 신는다는 것을 잘 알고 있었다. 그래서 검정 정장 구두에 대한 환상을 볼 때면 사역 도중 청중을 향해 기도하면 도미노처럼 쓰러질 것이며 치유를 경험하리라는 것을 미리 짐작할 수 있었다. 만약 밥 존스(Bob Jones)가 즐겨 신던 회색 신발을 보게 되면 예언을 받아 앞을 내다 볼 수 있는 시간을 가지게 될 것이라는 사실을 알 수 있었다. 그리고 존 윔버(John Wimber)의 신발을 보았을 때는 성전 가득 하나님의 임재가 가져오는 현상들로 가득하게 되리라 기대하곤 했다.

그런데 이 모든 것을 잘 알고 있다고 생각하던 내게 성령님께서는 놀라운 선물을 주셨다. 캔자스 시티에서 4,000여 명의 군중에게 설교를 하던 때였다. 내가 알고 있는 모든 것뿐만 아니라 잘 알지 못하는 것에 대해서도 설교를 하고 있었는데 두 시간 정도를 쉬지 않고 계속해 오던 참이었다. 앞날에 대한 예언을 하던 중 갑자기 강단 끝에 놓여 있는 신발 한 켤레의 환상을 보게 되었다. 그런데 어떤 사람의 신발인지 도무지 알 수 없었다. 내가 아는 그 어느 누구의 신발도 아니었던 것이다.

그리고 여태까지 경험한 적 없는 전혀 새로운 시도를 하게 되었다. 나는 강단 끝으로 걸어가 환상 속에서 본 그 신발을 신었다. 그 어느 누구도 내가 무슨 짓을 하고 있는지 알지 못했다. 왜냐하면 그 신발을 영적인 눈으로만 볼 수 있었기 때문이다. 그저 청중들은 강단 끝에서 휘청거리며 떨어질 듯 위험하게 서 있는 내 모습만을 바라볼 뿐이었다. '벼랑 끝'에 서 있어야 했던 내 모습은 예언적 행위였다. 그 날 내 자신의 신발을 신기 위해 그토록 불편한 자세로 서 있어야만 했던 것이다. 이 날을 계기로 다른 이들에게 나타났던 기름부으심의 선한 영향력을 받아 왔던 나에게 딱 맞는 나만의 사역을 시작할 수 있게 되었다. 이 기름부으심은 '예수님의 멍에'를 매는 것에서 시작되었던 것이다.

그리고 순식간에 기도의 수고와 애통에 대한 그 어떤 가르침 없이 4,000여 명의 청중들은 어느 누구라고 할 것 없이 일제히 큰 소리로 목 놓아 울기 시작했다. 이것을 멈추게 해서는 안 된다는 것을 알았고 네 차례에 걸쳐 그들이 마음껏 소리를 드높일 수 있도록 격려했다. 그 날 네 가지 짐에서부터 해방시키시려는 주님의 마음을 알 수 있었는데 그 중 두 가지는 낙태와 이스라엘에 대한 것이었다. 네가지 주제를 하나씩 다룰 때마다 청중들은 하나님을 향해 속에서부터 터져 나오는 울음을 주체할 수 없었고 이를 주님께 올려 드릴 것을 제안했을 때 그대로 순종하며 따르기 시작했다.

그 날 이후로 이러한 종류의 기름부으심은 제임스 골의 사역으로 특징 지어졌고 이 외에 다른 모습들도 갖추게 되었다. 다른 종류의 수많은 신발들을 통해 성령님의 일하심을 배우고 난 후 마침내 나에게 가장 딱 맞는 신발을 신게 된 것이다. 이러한 상징적인 비유는 모자로 나타나

기도 한다.

여러분에게도 이러한 일이 일어날 수 있다. 여러 종류의 신발과 모자를 써 보며 성령님의 기름부으심을 통한 사역을 배워 나가 보라. 때가 이르면 그리스도의 몸을 섬기기 위해 여러분이 가장 잘 할 수 있는 성령의 사역을 만나게 될 것이다. 여러분이 가장 자연스럽게 취할 수 있는 특별한 은사를 배우게 될 날이 올 것이다. 그 모자를 쓰게 되었을 때 지금까지 여러분이 경험해 보지 못한 엄청난 기름부으심과 놀라운 은혜 속에서 다른 이들을 섬기고 있는 자신을 발견하게 될 것이다.

기름부으심 속에서 일하는 지혜

마헤쉬 차브다는 성령의 기름부으심을 스쿠버 다이빙 복을 입는 것에 비유한 적이 있다. 그것은 마치 제2의 피부와 같아서 몸에 딱 맞지만 여러분 자신의 것이 아니라는 사실을 알고 있는 것과 같다. 기름부으심은 여러분 때문이 아니다. 바로 예수님 때문에 우리에게 기름부으심이 가능한 것이다. 우리는 예수님께로 걸어 들어가고 예수님은 자신으로 우리에게 옷 입혀 주신다. 요한복음 15장을 보라. 성령의 기름부으심을 이해하기 위해 가장 중요한 사실을 알아야만 하는데 여러분에게 임하는 기름부으심이 곧 여러분을 의미하는 것이 아니라는 점이다.

성령의 기름부으심은 그리 어려운 것이 아니다. 그것은 관계에서부터 비롯된다는 사실을 명심하라. 성령님께 질문하는 것을 통해 이루어진다는 사실을 알고 있는가? "이것은 무엇인가요?" "이것을 말할까요?" "지금 뭘 하죠?" "다음에 뭘 해야 하나요?" 기름부으심 가운데 사역하기 위해서 필요한 것은 끊임없는 질문이다.

여러분이 만약 구원과 치유, 그리고 구속에서 해방되는 사건을 보기 원한다면, 혹은 그 이상의 것을 경험하기 원한다면 신실함이야말로 가장 주된 열쇠라고 할 수 있다. 작은 것에서부터 신실하라. 그러면 더한것을 보게 될 것이다.

어떤 경우에는 성령의 기름부으심이 배가될 때가 있다. 그것을 계속해서 가지고 있는 것처럼 재현하려 들어서는 안 된다. 성령님의 능력 없이 모방하려 해서는 안 된다는 것이다. 그것은 마치 제대로 수영복을 입지 않고 스쿠버 다이빙을 하는 것과 같다. 그 대신 하나님 앞에 스스로를 낮추고 새로운 은혜를 구하라. 기름부으심 속에서 주님의 임재를 다시 경험할 수 있는 핵심 열쇠는 바로 겸손이다.

성령의 기름부으심을 배가시킬 수 있는 방법은?

성령님과 함께 항해하기로 마음 먹었다면 '그분의 능력 안에 머무를 수 있는 방법'에 대해 알고 싶어질 것이다. 이러한 사역을 시작했다면 절대로 홀로 그 여정을 떠나서는 안 된다고 조언하고 싶다. 반드시 성령의 기름부으심을 사모하며 믿음 안에 흠뻑 취한 이들과 함께 있을 것을 권유한다. 다른 이들이 어떻게 사역하는지를 주의깊게 관찰하라. 주님의 길을 따라가는 이들을 바라보며 이들에게서 배우라.

존 윔버가 입버릇처럼 말해 왔듯 그저 '행하라.' 지속적으로 그리고 미련스러워 보이는 신실함으로 성령님의 음성을 듣고 아버지께서 하시는 일을 하는 것이다. 모든 능력과 힘을 다하여 행함 가운데 계속해서 배워야만 한다. 주님의 말씀을 연구하고 하나님의 약속들을 놓고 그분 앞에서 끊임없이 기도하라. 그리고 주님의 임재를 경험한 이후에도 갈급함을 잃어서는 안 된다. 기억하라. 하나님은 부지런히 자신을 찾는 이들에게 상 주시는 분이다(히 11:6).

전통적인 금식과 예배를 가벼이 여겨서는 안 될 것이다. 19세기의 부흥사로 잘 알려져 있는 찰스 피니(Charles Finney)를 이미 이 책의 3장에서도 언급했는데 그는 하나님의 임재가 희미해짐을 느낄 때마다 금식의 시간을 가지곤 했다. 더욱 더 깊은 성령님의 기름부으심을 위해 금식을 한 것이다. 우리 역시 이를 본받을 수 있다. 또한 경배와 찬양의 시간을 가져야만 한다. 하나님께서는 그의 백성을 통해 찬양받기 위해 보좌에 좌정하고 계신다(시 22:3). 또한 찬양을 통한 예배 속에서 주님의 임재가 더 깊어진다는 사실은 자명한 것이다. 작가이자 성경 교사인 밥 멈포드(Bob Mumford)는 이렇게 말한 적이 있다.

"하루 중 받았던 상들을 하루가 마무리 될 때 주님께 돌려 드리며 이와 함께 그분을 경배합니다."

감사야말로 믿음의 엄청난 열매들을 이끌어 내는 길이다.

성령님의 기름부으심 안에서 사역할 때 믿음을 대신할 수 있는 것은 아무것도 없다. '믿음'이라는 단어는 '모험'이라고 다시 쓸 수 있다는 사실을 이미 앞에서 언급한 바 있다. 내가 예전에 했던 경험처럼 강단 모서리에서 위태롭게 서 있어야만 하는 순간을 맞이하게 될지도 모른다. 열왕기상 18장에 나오는 엘리야의 이야기처럼 하나님의 넘치는 임재를 그대로 나타내야만 할 때도 있을 것이다. 한없이 인자하고 온유하신 예수님의 모습이 더 친숙하게 여겨질지라도 어떠한 때는 유다의 사자처럼 포효하는 예수님을 초청해야 하는 경우도 있다.

일하시는 분은 예수님이시지 우리 자신이 아니라는 사실을 알게 되었을 때 질투하시는 하나님과 주님을 향한 경외심을 이해하게 될 것이다. 자신의 영광을 그 어느 누구와도 나누지 않으시는 하나님을 제대로 아는 노력을 게을리 해서는 안 된다. 이에 대한 온전한 이해 없이 사역에 임해서는 안 된다.

성령님께서는 여러분을 늘 필요로 하시진 않는다. 여러분이 아니라면 세상이 움직일 수 없을 것 같다고 여기는 메시아 컴플렉스에서 벗어나라. 이런 착각에서 벗어나 성령님께서 자신만의 색깔로 직접 운행하실 수 있도록 자리를 내어 드리라. 성령님께서는 그분만의 특정한 시간과 전략을 가지고 계신다는 사실을 잊지 말라. 이를 두고 하나님의 카이로스(kairos) 시간대, 즉 하나님의 때라고 부른다. 하나님께서는 우리가 모든 것을 굳이 알 필요가 없다고 여기신다. 따라서 여러분은 마치 하나님처럼 모든 것을 알고 있는 양 그렇게 행동할 필요가 없다.

더 깊은 성령의 기름부으심을 경험하고 싶다면 인내를 가져야만 한다. 인내는 우리 중 그 어느 누구도 원하지 않지만 우리 모두에게 꼭 필요한 덕목이다. 또한 긍휼에서부터 나오는 초자연적인 공급도 필요할 것이다. 긍휼이야말로 하나님께서 행하시는 모든 사역을 특징지어 주는 것이다. 여러분을 둘러싸고 있는 사람들을 향한 하나님의 마음을 더 많이 구하라. 하나님의 자비와 깨어진 마음, 그리고 겸손을 구하라. 주님의 마음을 갖게 될수록 엄청난 양의 기름부으심을 경험하게 될 것이다.

멈춰 서서 실패를 인정하는 것도 필요하다. 겸손의 가장 큰 부분을 차지하는 것이 바로 실패에 대한 인정이다. 스스로 자신을 낮추고 지금까지의 발자취를 다시 점검해서 어디에서부터 주님과 상관 없이 걸어왔는지 찾아보라. 잠잠히 멈추어서 세밀한 성령님의 음성을 듣는 습관을 들이라. 훈련이 거듭될수록 이러한 경건의 습관이 자리잡게 될 것이고 결국 경청의 능력을 겸비하게 될 것이다. 무엇보다 하나님과 함께 춤추는 법을 배우라. 춤추는 연습을 하다 보면 성령님의 부드러운 손짓에 반응하는 법을 배우게 될 것이고 여러분의 삶과 사역 가운데 기름부으심이 넘쳐나게 될 것이다.

휴식 시간을 가지라!

최근에 '성령의 학교'가 개교되었다는 성령님의 음성을 듣게 되었다. 동시에 휴식 시간이 찾아왔다는 말씀도 함께 들었다. "휴식시간이라고요?" 나는 이렇게 대답했다. 도대체 휴식시간이 의미하는 바가 무엇일까?

성령님께서는 다음과 같이 말씀하셨다.

"담장 바깥쪽으로 가서 활동해야 하는 시간이 왔다는 뜻이란다. 다시 말해 '예언적 전도'라는 체육시간을 가질 때가 되었다는 의미이지."

성령님의 시간표에 따르면 교회 담장 밖으로 나와 초자연적인 역사를 경험해야 하는 때가 왔음을 알리려는 것이다. 운동장과 학교, 그리고 거리와 상점들과 커피숍에 있는 평범한 성도들이 성령님의 임재와 능력 안에서 기름부음 받은 도구가 될 수 있다는 뜻이다. 추수할 때가 이르렀다. 사람들이 모여 있는 들판으로 나가야 할 때다.

진정한 초자연적 삶을 살고 있는 이들이라면 바깥 세상으로 나갈 준비가 되어 있을 것이다. 바람이 어떻게 불어 닥칠지 예측할 수 없지만 돛을 올려 한껏 바람을 맞을 준비가 되어 있다는 뜻이다. 마르다처럼 예수님을 집으로 모셔들여 마리아와 다른 이들이 그분의 발 앞에 앉을 수 있도록 인도할 수 있을 것이다.

또 다른 비유를 빌리자면, 초자연적 삶을 사는 이들은 열왕기하 4장에 등장하는 엘리사와 과부의 기름 단지 이야기처럼 비어 있는 항아리가 가득 채워지는 경험을 하게 될 것이다. 하나님께서 전혀 새로운 길로 부르시는 음성을 들었는데 여러분의 기름 단지가 메말라 간다고 느끼면 이 이야기가 주는 교훈을 잊지 말라. 뭔가 더한 것이 일어나게 하려고 성급히 뛰는 것을 멈추고 여러분에게 부어진 그 이상의 것을 어떻게 하면 채울 수 있을지 성령님께 구하라.

첫째, 가서 빈 항아리들을 가지고 오라. 참고로 이 항아리들은 안전지대 밖에서 구할 수 있을 것이다. 그것들을 찾으려면 집 밖으로 나와야 할 것이다. 하나님께서 여러분에게 더 쏟아 붓길 원하시는 모든 것을 담기 위해서는 더 많은 그릇들이 필요할 것이다.

둘째, 그 항아리들을 가지고 하나님과의 은밀한 장소로 가라. 여러분이 빌려온 것들을 하나님께 가져가라.

셋째, 이미 여러분이 가지고 있는 것을 사용하여 이를 쏟아 부으라. 이제 여러분이 받은 것을 나누어 줄 차례이다. 받은 것을 비축해 두거나 이를 사용하길 주저하지 말라. 더 이상 쏟아 부을 곳이 없을 때까지 몽땅 다 붓는 것이다. 다른 이들의 삶 가운데 다 쏟아 부으라.

하나님과 더 깊은 만남을 가지기 위해 기다리느라 시간을 낭비해서는 안 된다. 여러분이 적게 가졌을지라도 신실하게 반응하면 그것을 배가시켜 주실 것이다. 그리고 초자연적인 삶이 자연스러운 것이 되어 있을 것이다. 그리고 여러분을 인도하시는 곳이 어디든 성령님의 기름부으심 속에서 사역할 수 있게 될 것이다.

되돌아보기

여러분은 자신을 더한 믿음 가운데 머무르게 하여 성령님의 기름 부으심을 배가시킬 수 있도록 스스로를 고무할 수도 있다. 하지만 이것이 가능하려면 참된 초자연적 삶을 살 수 있도록 하며 주변 사람들에게 하나님을 나타낼 수 있도록 도우시는 성령님의 손길이 필요하다. 그래야만 하나님의 긍휼과 자비가 깃들어 있는 능력이 그대로 나타나게 될 것이다.

1. 성령님의 기름부으심에 대해 설명할 수 있는가? 여러분의 경험은 어떠했는가?

2. 여러분의 삶 속에서 성령님의 기름부으심을 배가시킬수 있는 실질적인 방법들을 열거해 보라.

3. 하나님께서 그동안 여러분을 어떻게 사용하셨는가? 일정한 패턴을 발견할 수 있는가? 하나님께서 개인적으로 가르쳐 주신 것이 있다면 그것은 무엇인가?

3부

갈보리의
승리 집행하기

초자연적 삶에 참여할 수 있는 궁극적인 열쇠는 예수님의 삶과 사역, 죽음과 장사, 그리고 부활에 대해 이해하는 것이다. 단순한 객관적인 이해뿐만 아니라 예수님의 업적이 여러분에게 어떠한 의미를 가지고 있는지도 깨달아야만 한다.

십자가 위에서 예수님께서는 영원하고도 초자연적인 삶으로 가는 길을 열어두셨다. 그렇다면 이 열린 문을 향해 어떻게 하면 걸어 들어갈 수 있을까? 지금 이 순간 초자연적이고도 영원한 삶을 시작한다는 것이 무슨 의미일까?

십자가에서 예수님께서 사탄에게 행하신 일은 무엇일까? 성령님과 동행하는 삶 속에서 보호받을 수 있는 길은 무엇일까? 그동안 경험한 것과는 비교할 수 없는 싸움, 즉 초자연적인 삶의 방식 때문에 악의 영들과 직면할 수밖에 없는 상황 가운데 어떻게 하면 보호받을 수 있을 것인가?

행여나 마귀가 여러분을 향해 무슨 짓이라도 저지를까 노심초사하고 있지는 않은가? 그가 우리에게 무엇을 할 수 있을까? 그리고 우리에게 할 수 없는 것은 무엇일까? 정말이지 인생이란 쉬운 것이 아니다. 좌절과 패배의 쓴 잔을 마셨다면 앞으로 나아가는 대신 뒤로 물러서는 것이 낫지 않을까 하는 생각을 할 수도 있다. 마귀는 이미 패배하여 그 힘을 잃고 큰 대가를 치렀지만 하늘 보좌에 좌정하신 예수 그리스도의 영원한 통치에 대한 진리를 제대로 바라보지 못하고 이를 통해 우리가 사는 세상 가운데 일어난 영적 집행 과정이 가져다 주는 영향력 역시 깨닫지 못하는 경우가 얼마나 많은가?

하지만 하나님의 영이 불어오는 바람을 타고 항해하는 법을 배우기 위해서는 이 모든 진리를 이해해야만 한다. 앞으로 전개될 내용들을 통해 다음 세 가지를 다시 살펴보고 더 깊이 탐색해 보려 한다.

첫째, 십자가의 승리와 그리스도의 피가 가진 능력

둘째, 십자가를 통해 우리에게 부여된 은사들과 은혜들

셋째, 보이지 않는 하늘 보좌가 취한 승리의 능력

초자연적인 삶 가운데 여러분이 선 자리에서 온전히 구비되어 조금도 부족함이 없길 기도하는 바이다.

7장

십자가의 능력

"다 이루었다."

두 강도 사이에서 피로 범벅된 나무 십자가에 못 박히신 예수님께서는 이 한마디 말씀을 남기시고 눈을 감으셨다(요 19:30).

이 순간 이후로 초자연적인 공간뿐 아니라 그 후로부터 2천 년 이상 존재하고 있는 우리가 속한 이 세상은 예전에는 없던 전혀 새로운 국면을 맞이하게 되었다. 예수님의 죽음 이전까지는 사탄이라 불렸던 타락한 천사가 서슴지 않고 벌여 온 만행에 대항하여 맞설 수 있는 존재는 하나님께서 창조하신 그 어떤 피조물 가운데도 없었다. 하지만 하나님의 아들이 그토록 험한 십자가에서 모든 일을 치르신 뒤 상황은 역전되었다.

바로 그때, 하늘과 땅 사이에는 더 이상 가로막힌 장애물이 존재하지 않게 되었다. "다 이루었다"는 말씀이 끝나기가 무섭게 회개한 강도를 향해 이렇게 선포하신다. "오늘날 나와 함께 낙원에 가 있으리라(눅 23:43)."

죽음의 모진 고통을 감내하시자마자 낙원으로 가는 길

목을 열어 두신 것이다. 성전의 지성소에 드리워졌던 두꺼운 휘장은 위에서부터 아래로 찢어지고 앞으로 어떠한 일들이 펼쳐질지를 예고했다. 믿음을 통해 예수님의 품 속으로 뛰어드는 이들은 누구든지 하늘의 가장 거룩한 처소로 들어설 수 있는 권한이 주어지게 되는 것이다(눅 23:45). 더 나아가서 바로 이 십자가가 여러분과 나를 포함한 모든 성도들에게 우리가 속한 세상 가운데 하늘나라의 권한을 가지고 살아갈 수 있도록 해주었다는 사실을 선포하고 있다. 하나님의 나라가 진정으로 이 땅 위에 임한 것이다.

끊어진 쇠사슬

십자가가 없다면 그 어느 누구도 초자연적인 삶을 어떻게 살아야 할지 이야기할 수 없다. 어떻게든 살아보려 노력한다 해도 결국은 모든 것을 잃고 말 것이다.

십자가가 지니고 있는 핵심적인 사실은 사도 요한의 짧은 진술 속에 잘 나타나 있다.

하나님의 아들이 나타나신 것은 마귀의 일을 멸하려 하심이니라 (요일 3:8).

헬라어 사전을 살펴보면 '멸하셨다' 라는 단어를 다음과 같이 정의하고 있다.

(1) 묶여 있거나 붙잡혀 있는 사람, 혹은 물건을 풀어줌
(2) 멍에를 맨 상태에서 자유롭게 해줌
(3) 계율이나 무력행사를 수반한 권한을 폐지하고 파기하기 위해 법적 효력을 무력화하거나 뒤엎음[1]

이 단어는 결국 묶인 것을 풀거나 엉클어진 것, 혹은 매듭을 푼다는 의미를 가지고 있다.

예수님께서 오셔서 묶여 있던 것들을 다 풀어 마귀의 모든 일들을 파멸시키셨다는 표현만큼 멋진 것이 있겠는가? 이 구절을 접하는 순간 거미줄에 걸려 있는 파리의 모습을 연상하게 되었는데 십자가가 이런 원수의 거미줄을 다 풀어 헤치는 능력을 발한 것이다. 십자가의 능력이 없다면 아무런 소망이 없는 것이다. 십자가로 인해 마귀의 전략을 꿰뚫어 볼 수 있는 신령한 눈이 생겼을 뿐 아니라 이를 무력화할 수 있는 능력을 함께 부여받았기 때문이다. 이미 하나님께서 허락하신 초자연적인 삶의 방식 중 하나로써 우리 안에 시작된 것 중 하나가 바로 새롭게 됨

---

[1] Thayer and Smith, The New Testament Greek Lexicon, http://www.searchgodsword.org/lex/grk/view.cgi?number=3089

으로 변화를 받은 정신, 혹은 마음인데 이를 통해 전혀 새로운 종류의 전략적 사고를 할 수 있게 되었다.

십자가로 인한 권세가 그 효력을 발생하고 있기도 하지만 원수를 꾸짖을 수 있는 우리의 능력에 더 이상의 제한은 없다. 십자가 때문에 원수의 포박을 무력화시킬 수 있는 것이다. 이제 우리는 그들의 모든 행위들을 쓸모 없는 것으로 만들 수 있게 되었다. 하나님께서 주시는 계시를 통해 원수들의 괴계가 무엇인지 그리고 그것을 어떻게 깨어 부술 수 있는지를 알 수 있게 되는 것이다.

그렇다면 어떠한 원수들의 괴계가 존재하고 있는 것일까? '마귀의 일'이란 무엇인가?

사탄은 사람들을 동요해 도덕적으로 죄를 범하게 한다. 그리고 질병을 통해 육체적인 고통을 당하게 한다. 감언이설로 꾀어 그릇된 길로 인도하기도 하며 영적으로는 믿지 않는 이들의 마음과 생각을 묶어 복음을 듣거나 믿을 수 없도록 조장한다.

우리는 모두 이러한 사탄의 전략들이 가져다 주는 결과가 어떠한지를 너무나 잘 알고 있다. 우리 역시 이러한 간계로 인해 올가미에 걸려본 적이 있기 때문이다. 우리 영혼의 원수들은 여전히 세상 속에서 사악한 일들을 벌이고 있다. 하지만 십자가 사건 이후 가장 큰 변화가 있다면 예수님의 이름을 부르는 이들을 통해 마귀의 일을 멸하시는 예수님의 능력을 실현하게 되었다는 것이다. 그리고 이것은 전적으로 초자연적인 작업이다.

예수님께서는 어떻게 마귀의 일을 멸하셨을까?

예수님께서는 이스라엘에 거하시는 동안 매순간 원수와 대면하셨다. 가장 눈에 띄는 장면은 광야에서 마귀에게 시험을 당하시는 모습일 것이다. 마태복음 4장 1-11절을 보라. 예수님께서는 마귀가 "말씀에 기록되었으되"라는 말로 도전을 받으셨고 이에 대해 하나님의 말씀에 기록된 진리로 응수하셨다.

또 다른 예로 마태복음 12장을 보면 귀신이 들려 오랫동안 소경과 귀머거리로 지내야만 했던 한 남자를 자유케 하시는 장면이 등장한다(마 12:22-29을 보라). 바리새인들은 사탄의 능력으로 귀신을 내어 쫓는다는 말로 예수님을 모함했지만 예수님께서는 만약 그러하다면 사탄의 왕국은 자멸을 초래하고 말 것이라 말씀하신다. 진정으로 귀신을 내어 쫓으려면 그 바깥에서부터 귀신이 머무르는 곳으로 침입하여 먼저 '강한 자'를 결박하고 나서 강한 자, 즉 사탄이 강탈하여 자기 것인양 취했던 모든 것을 되찾아야만 한다(눅 11:21-22). 사탄이 찬탈한 것 중 가장 큰 부분을 차지하는 것은 바로 인간의 영혼이다. 하지만 이제 하나님의 나라가 도래하는 순간 강한 자는 결박을 당하고 포로된 자는 놓임을 받게 되는 것이다.

예수님께서 공생애를 하시는 동안 사역 가운데 많은 시간을 귀신을 내어 쫓으시는 데 사용하셨다. 마귀의 일을 멸하려 이 땅에 오셨다는 예수님의 말씀에 주목해야 하는 이유가 여기에 있다. 예수님께서는 자신의 삶과 사역을 통해 이 일을 이루셨다. 그리고 오늘날 거룩한 게릴라 부대인 예수님의 제자들을 통해 이 일을 행하고 계신다.

예수님의 발자취를 따르다 보면 성도들에게 주어진 권세는 단지 귀신을 꾸짖어 그들을 내어 쫓는 것뿐 아니라 모든 악한 전략과 전술들을 무력화시키는 작업을 통해 마귀의 일을 멸하는 데 사용된다는 사실을 깨닫게 된다. 사탄과 그의 마귀들은 끊임없는 분쟁 더미 속에 있기 때문에 적진의 약점을 간파하기 위해 전략적으로 투입된 하나님의 백성들을 향해 그 어떠한 행동도 취할 수 없는 상태이다. 그래서 우리는 그들의 지위체계를 뒤흔들어 내부에서 분열이 일어나게 하며 결국 자멸하도록 만들 수 있다.

예수님의 죽음

예수님께서는 십자가에서 돌아가시기 전부터 마귀의

일을 멸하고 계셨다. 그리고 지금도 여전히 십자가에서의 죽음이 가져온 능력을 통해 이 일들을 행하고 계신다.

사탄의 최종 목표는 아들을 영화롭게 하려는 하나님 아버지의 계획을 무너뜨리는 데 있다. 그 다음 목표는 남녀노소 할 것 없이 모든 이들이 죄 가운데서 빠져 나오지 못하게 하는 것이다. 그래서 죄의 형벌 아래 가두어 정신적으로나 감정적으로 정죄감에 휩싸이게 만들려 하고 있다.

예수님의 죽음을 통해 사탄의 이러한 모든 목표는 자취를 감추게 되었다. 하나님께서 죄에 대한 형벌을 아들이신 예수님께서 치르도록 하시는 순간 하나님의 영광을 가렸던 죄의 구속력은 모두 사라지고 말았다. 결국 사탄의 최종 목적마저 산산이 무너져 내린 것이다. 그리고 예수님께서 대속하신 제자들에게 믿음으로 구원이 임하는 것을 보이신 순간 사탄의 두 번째 목표도 깨어졌다. 믿음의 형제와 자매들은 사탄의 올가미에 빠져들지 않게 되었으며 설령 그 속으로 빠져들지라도 그 올가미를 송두리째 뒤흔들 수 있는 능력을 가지게 되었다.

십자가는 하나님 아버지께 영광을 선사했으며 무가치하고 의롭지 못했던 우리들조차 십자가의 업적을 믿기만 하면 은혜로 말미암아 그 영광에 참예할 수 있게 되었다. 죄인된 우리의 힘으로는 하나님께 나아갈 수 있는 권한을 가질 수 없으며 하나님 앞에 의롭고 완전한 존재가 될 수 없다. 십자가 안에 하나님을 영화롭게 하며 하나님의 궁극적인 목표였던 예수님을 영화롭게 하는 능력이 있다. 그리고 과거에 불의했던 모든 이들이 구세주의 의로 옷 입고 하나님 앞에 의로 구속된 예배자로 서게 되었다. 그리고 죽은 자들 가운데 그리스도 예수를 일으키신 바로 그 성령님의 힘과 능력을 소유하게 된 것이다. 이제 우리들은 모두 하나님을 영화롭게 하며 또 다른 친구들을 자유케 하는 도구가 되었다.

예수님의 부활과 승천

사탄의 두 번째 목표 가운데에는 성도들이 성공할 수 없도록 방해하려는 공작이 포함되어 있다. 참소를 통해 사탄은 사람들을 선동해 그들에게 드리워져 있는 죽음의 능력 가운데서 벗어나지 못하게 하고 있다. 사람들의 마음 가운데 죽음에 대한 공포를 심어 두고 정신적으로, 감정적으로 혼란스럽게 만들어 승리를 취하지 못하게 한다. 성도들은 믿지 않는 자들이 걸어오는 싸움들 때문에 고통받는 경험을 하기도 한다. 그리고 이 싸움이 끝날 때까지 인내해야만 한다.

바로 이 순간 초자연적인 삶의 능력이 필요하다. 그렇다면 패배의식을 물리치고 끊임 없는 소망으로 가득한 성령 충만한 초자연적 삶을 누리기 위한 가장 좋은 방법은 무엇일까? 죽음을 이기고 죽은 자를 살릴 수 있는 최선의 길은 무엇일까?(히 2:4-15, 고전 15:50-57)

부활 사건은 아들이신 예수님께서 "다 이루었다!"라고 외치신 말씀에 "아멘!"이라고 화답하신 하나님 아버지의 응답이다. 죽은 자 가운데 예수님을 들어 올리셔서 왕이신 하나님 아버지의 위엄이 가득한 오른편에 아들을 앉히시면서 십자가가 가진 모든 충만한 능력을 공개적으로 선포하신 것이다. 그분의 승리는 영원하다(롬 5:8-11, 고전 15:16-17, 엡 1:18-23). 왕이신 예수님께서는 죽음과 지옥의 열쇠를 가지고 하늘 보좌로 오르신 것이다(계 1:17-18).

가까워진 하늘 보좌

십자가 사건이 있던 날 일어난 일들을 살펴보면 지성소와 바깥 성전을 구분했던 휘장이 둘로 찢어졌다는 구절을 읽을 수 있다(마 27:51, 막 15:38, 눅 23:45). 앞서 언급했던 것처럼 이 사건은 땅의 영역과 하늘의 영역 사이를 가로막았던 '휘장'이 더 이상 존재하지 않는다는 상징적 의미를 내포하고 있다. 이것은 육안으로 확인할 수 있는 것은 아니지만 실제로 그 효력을 발하고 있는 사건이다. 예수 그리스도께서는 십자가형을 받으셨다. 그리고 도무지 열릴 것 같지 않았던 휘장이 두 장의 커튼처럼 갈라져 언제든 필요할 때면 양 옆으로 이를 걷어 그 사이로 걸어 들어갈 수 있게 되었다. 평범한 성도일지라도 누구나 다 할 수 있는 일이 된 것이다. 한번 초자연적인 일을 경험한 사람이라면 더 깊은 영역으로 들어갈 수 있는 자유를 누릴 수 있다는 사실을 잊지 말라.

언제부터인가 나는 영원성과 관련된 책들을 수집하여 이를 읽는 습관이 생겼다. 이런 습관이 생기기 시작한 것은 아마도 성령님 때문이 아닐까 싶다. 결국 이에 대해 가르치고 책으로 저술하고 싶은 갈망이 생겨나게 되었다. 하지만 아직도 이에 대해 연구하고 정보를 수집하며 기도하고 묵상하고 있다.

천국과 지옥에 대해 이야기하고 있는 책들을 수집하는 과정에서 나의 아내는 이 과정을 졸업하고 이제는 하늘나라의 시민이 되었다. 지금 아내는 휘장 저편에 영원히 거하고 있다. 이 사건을 계기로 잠시 머무르는 이 땅과 영원히 존재하는 저 세상 사이에 존재하는 휘장이 그리 큰 장벽이 아니라는 사실을 점점 깨닫게 된다. 나는 지금 전혀 새로운 방법을 통해 초자연적 삶을 살아가고 있다. 물론 슬픔과 고통은 여전히 존재하고 있지만 십자가의 능력을 경험한다. 사망의 쏘는 독침이 정말 제거된 것이다. 아직도 사랑하는 아내가 그립다. 하지만 언젠가 그녀와 재회하는 날이 올 것이다. 이 모든 일은 예수 그리스도의 십자가로 말미암아 가능하게 된 것이다.

십자가로 인해 여러분과 내가 하늘로 가는 길목에 발을 들일 수 있게 되었고 기쁨으로 그 가운데 거할 수 있게 되었다. 십자가로 인해 성령님의 거룩한 통로가 될 수 있도록 신의 성품을 가질 수 있게 된 것이다. 십자가로 인해 예수님께서 모든 믿는 이들에게 예비하겠다고 약속하신 하나님 아버지 집에 거할 처소로 향하는 초자연적인 고속도로를 따라 달릴 수 있게 되었다는 사실을 기억하는가?(요 14:2) 예수님께서는 제자들에게 다음과 같이 말씀하셨다.

> 가서 너희를 위하여 처소를 예비하면 내가 다시 와서 너희를 내게로 영접하여 나 있는 곳에 너희도 있게 하리라 (요 14:3).

예수님께서는 어디에서 오셨는가? 예수님의 아버지 하나님 품에 계시다가 이 세상 가운데 오셨다. 그리고 예수님께서 돌아가신 곳은 어디인가? 바로 하나님 아버지의 품이다. 그렇다면 '아버지의 품'이란 무엇인가? 하나님의 가장 깊은 중심이다. 예수님께서는 그곳에 우리 각자가 거할 처소를 마련하셔서 항상 함께 지낼 수 있도록 하신 것이다.

지금까지는 코스요리 중 전채요리를 맛보았다. 초자연적인 삶에 대해 더 깊이 들어가기 전에 아버지 하나님이 거하시는 하늘 중심, 즉 주요리를 제대로 맛볼 수 있도록 식욕을 자극할 수 있는 음식을 경험한 것이다. 비록 그 여정이 길게 느껴질지라도 우리에게는 뚜렷한 목표가 있다. 그리고 초자연적 발걸음을 통해 영혼이 소성케 될 것이다.

그리스도의 피가 갖는 효력

'효력'이라는 말은 '여러분이 필요로 하는 것을 가질 수 있도록 돕는다'는 의미를 내포하고 있다. 예수님의 보혈이 십자가에 부어졌고, 이를 통해 그 효력의 영향력 아래 있는 사람들에게 엄청난 혜택이 주어지게 되었다.

성경은 십자가에서 흘리신 예수님의 피가 가지고 있는 수많은 혜택들에 대해 나열하고 있다. 히브리서 12장 24절에서는 예수님께서 자신의 보혈을 통해 새로운 언약을 세우셨고 피의 언약을 맺은 이들을 위해 중보하고 계신다 말하고 있다. 예수님의 보혈이 이룬 일들을 믿고 이를 증거하면 그 효력이 발생하게 되고 우리는 이에 속한 모든 혜택을 누리게 된다. 동시에 원수의 모든 사악한 일들 역시 무너져 내린다. 요한계시록 12장 11절에서는 이렇게 말한다.

또 여러 형제가 어린 양의 피와 자기의 증거하는 말을 인하
여 저를 이기었으니(계 12:11).

예수님의 보혈이 우리에게 미치는 효력을 크게 일곱 가지로 정리해 볼 수 있는데 이를 묵상하고 선포하며 증거할 뿐 아니라 이를 통해 기도한다면 초자연적 삶을 온전히 살아낼 수 있게 될 것이다. 그리고 우리의 증거를 통해 참소하던 자들은 모두 그 얼굴을 돌리고 뒤돌아 서게 될 것이다. 그렇다면 예수님의 보혈이 가져온 일곱 가지가 무엇인지 살펴보도록 하자.

첫째, 용서이다. 예수님의 보혈을 통해 우리는 용서를 받았다. "율법을 좇아 거의 모든 물건이 피로써 정결케 되나니 피 흘림이 없은즉 사함이 없느니라"(히 9:22). 사탄은 더 이상 우리가 죄로 인해 멸망하게 되었다고 말할 수 없다. 그리고 우리는 이 사실에 대해 너무나 잘 알고 있다.

둘째, 정결이다. 예수님의 보혈은 우리를 모든 죄에서 깨끗하게 하셨다(요일 1:7, 벧전 1:2). 용서받았을 뿐 아니라 죄에 오염되었던 우리들 모두 깨끗이 씻김을 받았다. 이제 정죄와 수치에서 해방되었다. 과거에 대한 회한과 후회로부터 깨끗하게 되었다. 뿐만 아니라 우리의 모든 노력을 기울여 거룩한 삶을 좇고자 했던 죽은 행실에서부

터 자유케 되었다.

셋째, 대속이다. 어린양의 피로 말미암아 우리 모두는 대속함을 입었다(엡 1:7, 벧전 1:18-19). 희생의 보혈이 치른 대가로 인해 우리에게 자유가 보장된 것이다. 그래서 어둠의 왕국에서부터 빛의 왕국으로 옮겨 갈 수 있게 되었다.

넷째, 의롭게 되었다. 예수님의 보혈로 의롭게 되었다는 것은 그 어느 누구도 우리에게 죄가 있다고 선언할 수 없다는 뜻이다. 다시 말해 하나님의 눈에 우리 모두 의롭게 되었음을 의미한다. "하나님이 죄를 알지도 못하신 자로 우리를 대신하여 죄를 삼으신 것은 우리로 하여금 저의 안에서 하나님의 의가 되게 하려 하심이니라"(고후 5:21). 이제 우리는 죄로 인한 형벌로 고통받지 않아도 된다. 하나님의 온전하신 의에 미치지 못하는 우리의 불의함 때문에 집행되었어야 했던 형벌에서 해방된 것이다(롬 5:9).

다섯째, 성화이다. 용서받고 깨끗케 되었으며 대속함을 받고 의롭게 되었을 뿐만 아니라 이제 우리는 구별된 존재로서 거룩한 삶을 살 수 있게 되었다. 사탄의 지경에서 벗어나 이제 하나님의 선한 목적을 위해 구별된 사람들이 된 것이다(히 13:2).

여섯째, 평화이다. "그의 십자가의 피로 화평을 이루사 만물, 곧 땅에 있는 것들이나 하늘에 있는 것들을 그로 말미암아 자기와 화목케 되기를 기뻐하심이라"(골 1:20).

일곱째, 입장권이 생겼다. 십자가에 흘리신 예수님의 보혈로 말미암아 우리는 이제 가장 거룩한 지성소로 들어갈 담력을 얻게 되었다. 휘장은 둘로 찢어졌고 지성소로 입장할 수 있게 된 것이다(히 10:19, 엡 2:13-14).

예수님께서 십자가에서 이루신 업적을 진정으로 받아들인다면, 다시 말해 십자가의 사건이 가진 효력을 믿고 그것이 영원한 것이라 의심하지 않는다면 여러분은 싸움에서 승리한 것이다. 여러분은 성령 안에서 의와 평화와 기쁨이 넘치는 하나님의 나라를 소유하게 되었다(롬 14:17). 그리고 하나님을 대면할 수 있게 되었다. 지성소로 들어갈 담력을 얻게 된 것이다.

바로 이것이 초자연적인 삶이다!

십자가의 외침

이제 앞으로 여러분이 발견하게 될 또 다른 삶의 측면을 어렴풋이나마 살펴보도록 하자. 바로 휘장 너머에 존재하고 있는 것을 들여다 보는 것이다.

그러나 너희가 이른 곳은 시온 산과 살아계신 하나님의 도
성인 하늘의 예루살렘과 천만 천사와 하늘에 기록한 장자들
의 총회와 교회와 만민의 심판자이신 하나님과 및 온전케 된
의인의 영들과 새 언약의 중보이신 예수와 및 아벨의 피보다
더 낫게 말하는 뿌린 피니라(히 12:22-24).

여기서 가장 먼저 발견할 수 있는 것은 바로 하나님께서 거하시는 장소에 대한 언급이다. 다음으로 그곳에서 하나님과 함께 거하는 이들에 대한 그림이다. 그리고 마지막으로 모든 것을 심판하시는 하나님의 모습과 우리의 중보자이신 예수님, 그리고 그분의 보혈이 직접 말하고 있다는 사실을 알 수 있다.

이는 무엇을 의미하는가? 매일의 일상적 경험을 뛰어넘는 그 무언가가 존재하고 있다는 것을 의미하고 있진 않은가? 창세기에 있는 이야기를 회상해 보면 그 전례를 찾을 수 있다. 창세기 4장을 보면 가인과 아벨 사이에 존재하는 잔인한 경쟁심을 읽을 수 있다. 가인은 동생을 질투하고 이에 분노한 나머지 죄된 본성을 억누르지 못한다. 형제가 들판에 나가 있는 동안 가인은 동생 아벨을 죽이고 만다.

그때 하나님께서는 가인에게 동생이 어디 있냐고 물으시고 가인은 무례하게도 이렇게 답한다. "제가 어떻게

알아요?제가 동생이나 지키는 사람인가요?"(창 4:9) 그러자 주님께서 이렇게 말씀하신다. "네가 무엇을 하였느냐? 네 아우의 핏소리가 땅에서부터 내게 호소하느니라" (창 4:10).

이 장면은 성경에서 말하는 한 원리를 잘 나타내고 있는 것이다.

생명은 피에 있음이라(레 17:11).

피 안에는 생명이 있을 뿐만 아니라 무고한 피를 흘렸을 경우 그 특별한 속성을 나타내 보인다. 그 스스로 억울함에 대한 보상을 울부짖는 것이다. 하지만 앞에서 살펴본 히브리서 말씀처럼 하늘의 심판관 앞에 섰을 때 아벨이나 이후의 그 어떤 자손이 흘린 피보다 더 나은 예수 그리스도의 피가 직접 외친다. 예수님의 보혈은 자비를 부르짖으며 그 자비가 모든 형벌을 이긴다(약 2:13).

예수님의 무고한 피는 계속해서 자신의 소중한 아들을 희생시키신 하나님 아버지에게 잊지 않도록 외친다. 이 보혈은 하나님과 마귀, 그리고 세상 앞에서 가장 위대하고 효과적인 힘을 발휘한다.

그러므로 하나님의 아들이신 예수님의 고난과 죽음을 대신할 수 있는 그 어떤 것도 하나님께 가져갈 수 없다. 우리의 힘으로 할 수 있는 것은 아무것도 없다. 우리가 가진 기도의 기술이나 과거에 행했던 그 어떤 특별한 선행으로도 절대로 이 자리를 대신할 수 없다. 예수님께서 흘리신 보혈과 우리의 믿음으로 영원한 형벌과 멸망을 피하고 하나님 아버지의 마음 중심으로 다가갈 수 있는 것이다.

찰스 스펄전(Charles Spurgeon)이 이런 말을 한 적이 있다.

"여러 개의 자물쇠에 맞는 여러 개의 열쇠들이 있을 수 있겠지만 마스터 키는 하늘로부터 가장 낮은 자리로 내려와 죄인들을 구하기 위해 죽음에서 부활하신 예수님의 보혈과 이름이다. 그리스도의 보혈은 하늘의 보물 창고를 여는 열쇠이다."[2]

예수님의 보혈을 인정하고 그것이 지닌 능력의 진리 앞에 순종하며 우리를 대신하여 울부짖으며 죽어간 분의 성령을 받아들이라. 십자가의 능력을 인정하라. 그리고 주님의 보혈을 찬양하라. 보혈에 관한 말씀을 암송하고 어둠의 권세를 이기신 예수님의 승리를 이끌어 내는 데 자신이 할 수 있는 역할을 다 하라.

그리고 하늘과 땅이 들을 수 있도록 외치라.

---

[2] 찰스 H. 스펄전, '스펄전의 시편강해'(배응준 역, 생명의 말씀사, 2008)

"그리스도 예수님의 피로 구속함을 입었고 깨끗케함과 용서받았음을 선포하노라. 보혈의 능력으로 나는 이미 거룩해졌고 하나님 안에서 구별되었음을 선포하노라. 나의 몸은 성령님이 거하시는 성전이며 사탄은 더 이상 내 안에서 아무 권리도 주장할 수 없으며 어떠한 능력도 행사할 수 없다. 나뿐만 아니라 많은 이들을 위해 흘리신 예수님의 보혈 때문이다."

예수님께서 외치시는 승리의 함성에 귀 기울이라. "다 이루었다." 예수님께서는 마귀를 이미 제압했으며 모든 이들을 위해 하늘을 향해 나 있는 문을 이미 열어 두셨다. 죽음을 통한 희생 제물이 되신 예수님께서 우리가 거할 곳을 미리 예비해 두신 것이다.

되돌아보기

하나님의 아들께서 십자가에서 행하신 일이 아니었다면 하나님과 함께하는 초자연적인 삶 가운데 들어갈 수 없었을 것이다. 근본적으로 죄를 단절할 수 있는 희생제사가 아니고서는 하늘로 가는 길은 여전히 막힌 상태로 존재했을 것이다. 우리들 중 그 어느 누구도 자신의 힘으로 하나님의 임재 가운데 나갈 수 있는 사람은 없다. 우리는 모두 죄악으로 깊이 물들어 있었으며 하나님의 원수인 사탄의 포로로 사로잡혀 있었기 때문이다.

십자가의 능력과 십자가에서 흘리신 보혈의 능력을 깨닫게 되면 마귀를 무찌르고 하나님와 나라에 자유롭게 걸어 들어가게 될 것이다.

1. 아들이신 예수님께서 "다 이루었다"고 말씀하셨을 때 하나님 아버지께서 "아멘"이라고 화답하신 증거가 바로 부활이라고 말할 수 있는 근거는 무엇인가?

2. 십자가를 통해 받은 능력의 유업이 무엇이 있는지 두 가지 이상을 골라 자신의 삶 속에서 경험할 수 있도록 적용할 수 있는 것이 무엇이 있을지 생각해 보라. 그렇게 했을 때 하나님께 영광을 돌려 드리게 될 것이며 마귀를 멀리 내어 쫓을 수 있게 될 것이다.

3. 예수님의 죽음을 통해 둘로 찢어진 휘장 안으로 언제 들어갈 수 있게 되었는가? 이런 초자연적인 경험을 한 이후로 여러분의 삶은 어떻게 변화되었는가?

8장

장착해야 할 무기들

성령님은 양손잡이시다. 동시에 여러 가지 일을 처리하실 수 있는 본성을 갖고 계신 것이다. 한 번에 한 가지 이상을 해내실 뿐만 아니라 너무나 완벽하게 처리하신다.

여러분 안에 성령님께서 사신다면 이 세상 가운데 행하고 계시는 그분의 사역에 동참하기 시작한 것이다. 성령님께서 여러분의 주의를 끌기 시작하셨다면 함께 그 일들을 행할 수 있도록 여러분을 인도하실 것이다. 성령 하나님께서는 인간의 힘과 능력만 가지고서는 당신의 일들을 감당할 수 없음을 아시기 때문에 필요한 무기들을 갖출 수 있도록 하신다. 우리에게 동기부여를 하실 뿐만 아니라 힘을 북돋우시며 상급도 주신다. 건축 책임자처럼 성령님은 해야 할 모든 일들을 빠짐없이, 그리고 완벽히 다 하실 수 있으며 우리들 각자가 수행해야 할 일들 또한 나누어 주신다. 그래서 우리 모두 협력하여 그분의 일을 감당할 수 있도록 도우신다.

성령님 안에서 초자연적인 삶을 살기 위해서는 반드시 초자연적인 무기들을 갖추어야만 한다. 어떠한 무기들은 여러분을 놀라게 할지도 모르겠다. 성령의 허리띠에 장착되어 있는 무기들을 어떻게 사용해야 하는지 배워 나갈수록 여러분이 처한 상황 속에서 더 능숙하게 싸울 수 있게 될 것이며 하나님 나라 안에 속한 이들을 훌륭하게 도울 수 있게 될 것이다.

믿음이라는 무기가 가진 위력

완전 무장을 위해 갖추어야 할 가장 중요한 무기는 바로 믿음이다. 믿음의 능력으로 여러분은 가로막힌 산을 옮길 수 있으며 초자연의 청사진을 기반으로 새로운 구조를 창조해 낼 수 있다.

히브리서 기자는 믿음이라는 무기가 가진 위력이 얼마나 중요한지 거듭해서 이야기하고 있다.

> 믿음이 없이는 기쁘시게 못하나니 하나님께 나아가는 자는 반드시 그가 계신 것과 또한 그가 자기를 찾는 자들에게 상 주시는 이심을 믿어야 할지니라(히 11:6).

우리는 믿음을 통해 하나님과 접속되기 시작했으며 그분과 계속해서 관계를 가지게 된다. 믿음을 통해 성경을 통해 말씀하시는 하나님의 음성을 받아 들이게 되며 감정이나 주변의 상황, 또는 사람들에게 구애받지 않고 지속적으로 하나님을 향한 신뢰를 지켜 나가게 된다. 믿음은 지식에 있지 않고 우리의 가슴과 영혼과 밀접한 관련을 갖는다. 우리가 총명하기 때문에 하나님을 알게 되는 것이 아니라 오직 믿음을 통해 그분이 누구인지를 깨닫게 된다. 믿음은 우리 자신에게 달려 있는 것이 아니다.

하나님께서는 하나님 되심을 믿음으로 고백하며 자신을 찾는 이들에게 상을 주신다. 하나님께서 신실하시기에 그분의 말씀 역시 신뢰할 만한 것이다. 하나님께서는 거짓을 말씀하실 수 없다. 하나님을 향하여 온전한 믿음을 두면 절대로 실망하지 않을 것이다.

진정한 믿음은 항상 현재형이다. 다가올 미래에 바탕을 두는 소망과의 차이점이기도 하다. 미래에 기반을 두고 있는 소망이 성취되는 것을 보려면 현재에 뿌리 내린 믿음을 소유해야만 한다. 다음 구절은 히브리서에서도 잘 알려진 믿음에 대한 구절들이다.

믿음은 바라는 것들의 실상이요 보지 못하는 것들의 증거니 (히 11:1).

신약에 수없이 많이 등장하는 "믿음"이라는 단어를 헬

라어 원어로 살펴보면 명사형으로 "피스티스"라고 한다. 이 단어는 신뢰로 인해 야기된 '믿음', '신실'이라는 뜻을 가지고 있다. 또한 진지한 '약속'이나 '맹세', 혹은 '증명'이나 '다짐'의 의미도 담고 있다. 능동형으로 봤을 때는 단순히 '확신' 또는 '신뢰'의 의미로 사용되기도 한다.[1] 여러분이 "믿고"있는 무언가를 향해 그 마음을 쏟아 둘 경우 헬라어 동사형 '피스테우오(pisteuo)'를 사용하기도 한다. 무언가를 믿는다는 것은 그것이 진실이라는 사실에 명백한 지지를 보낸다는 의미다. 하나님을 믿는다는 것은 그분이 신뢰할 만한 분이라고 확신할 뿐만 아니라 그분께서 우리를 기꺼이 도우실 수 있는 분이라는 사실을 인정하는 것이다.[2]

믿음을 갖는다는 것은 히브리서 기자에 따르면 그저 맹목적인 낙관주의와 상대되는 개념이라는 것을 알 수 있다. 그것은 현재에 기반을 둔 사실이다. 무언가를 바란다든지 간절히 열망만 하는 것이 아니다. 실제로 손에 쥐어지는 것을 전제로 하는 것이 바로 믿음이다.

믿음은 하나님의 약속에 대한 '권리 증서'이다. 그것은 보이는 것들의 '실상'인 것이다. 만약 여러분이 다른 지역

---

[1] Thayer and Smith, The New Testament Greek Lexicon, http://www.searchgodsword.org/lex/grk/view.cgi?number=3089
[2] 위와 동일.

에 부동산을 소유하고 있다면 그것이 진실인지 어떻게 알 수 있겠는가? 그저 계속해서 큰 소리만 치며 이에 대한 정보를 알려준다고 해서 믿을 수 있겠는가? 여러분이 이를 증명하거나 보장하려면 부동산 권리 증서만 보여 주면 된다. 만약 그렇게 한다면 더 물어볼 것도 없이 그 지역의 땅을 소유하고 있다는 사실을 믿게 될 것이다. 그 권리 증서는 소유권을 증명하는 법적 효력을 가지는것이며 그 누구도 이의를 제기할 수 없을 것이다. 믿음 역시 하나님의 약속과 돌보심이 거짓이 아님을 증명해 준다.

믿음이 소망과 다른 점

앞에서 언급한 '소망'에 대해 논의하자면 현재를 반영해야만 하는 믿음과는 달리 이는 미래적 측면을 다루고 있음을 알 수 있다. 소망은 앞으로 다가올 것에 대한 기대, 혹은 갈망이다. 소망은 기다림 자체를 의미하며 믿음은 어떻게 기다려야 할지를 보여 준다. "우리가 성령으로 믿음을 좇아 의의 소망을 기다리노니"(갈 5:5).

데렉 프린스(Derek Prince)는 그의 강의 '소망의 투구' 편에서 소망을 '선하며 흔들리지 않는 영원한 긍정에 대한 확신에 찬 기대'라고 정의내리고 있다. 비관적인 염세주의자는 자신의 믿음을 부정하는 사람들이다. 왜냐하면 로마서 8장 28절에서는 "우리가 알거니와 하나님을 사랑하는 자, 곧 그 뜻대로 부르심을 입은 자들에게는 모든 것이 합력하여 선을 이루느니라"라고 말하고 있기 때문이다.

따라서 여러분이 믿음을 발휘하려면 소망이 무엇인지를 이해할 필요가 있다. 소망은 투구와 같다. 데살로니가전서 5장 8절에서는 "믿음과 사랑의 흉배를 붙이고 구원의 소망의 투구를 쓰자"라고 권면하기도 한다. 머리, 즉 우리의 생각에 소망을 뒤집어 쓰는 것이다. 로마 시대 군사들의 투구가 머리 전면부를 뒤덮었고 귀 부분까지 펄럭이는 덮개로 가리웠다는 흥미로운 사실에 대해 알고 있는가? 소망의 투구를 쓰고서 우리의 생각하는 것이나 듣는 것을 제대로 걸러내야만 한다. 그러고 나면 우리의 마음은 "바라는 것들의 실상"에 미치게 될 것이며 여기에서부터 믿음이 생겨나게 되는 것이다.

소망 가운데의 오랜 기다림 후에 물꼬가 트이는 경험을 원하는가? 이러한 현상이 발생하기 위해서는 일련의 작업들이 필요하다. 충분히 오랜 기간 소망을 품어 왔다면 이제 소망하던 바를 마음 가운데 붙잡아 확신이라는 보증서를 소유하고 있는 것이다. 더 이상 기도할 필요조차 없을 수도 있다. 너무나 확실해서 기도하던 바를 아직 얻지 못했을지라도 하나님을 찬양할 수 있다.

그리스도가 존재하지 않았다면 이런 소망을 품을 수조차 없었을 것이다(엡 2:12, 살전 4:13). 소망은 구원으로 인한 믿음에 그 뿌리를 두고 있기 때문이다(롬 5:1-5). 믿음과 소망은 보이지 않는 영역을 다루고 있으며(롬 8:24, 고후 5:7) 하나님의 말씀에 그 기반을 두고 있다(롬 10:17).

믿음, 보이지 않는 곳을 보는 것

믿음은 보이지 않는 영역을 보는 것이다. 그리고 현실 세계로 불러들이는 것이다. 믿음은 우리의 삶을 초자연적으로 만든다. 고린도후서 5장 7절에서는 "우리가 믿음으로 행하고 보는 것으로 하지 않는다"라고 말하고 있다. 믿음으로 사는 것은 보이는 것으로 사는 삶과 대조를 이룬다. 다음의 말씀들을 살펴보자.

> 우리의 돌아보는 것은 보이는 것이 아니요 보이지 않는 것이니 보이는 것은 잠깐이요 보이지 않는 것은 영원함이니라(고후 4:18).

> 내가 산 자의 땅에 있음이여 여호와의 은혜 볼 것을 믿었도다(시 27:13).

예수께서 가라사대 "내 말이 네가 믿으면 하나님의 영광을 보리라 하지 아니하였느냐?"(요 11:40).

믿음은 확실성을 가진다. 그렇다면 어떻게 여기서 말하는 확실한 것을 소유할 수 있을까? 믿음의 확실성은 하나님 말씀의 확실성에서부터 비롯된다. "그러므로 믿음은 들음에서 나며 들음은 그리스도의 말씀으로 말미암았느니라(롬 10:17)." 하나님의 말씀보다 더 확실한 것이 있을까?(민 23:19, 시 89:30-31, 롬 4:20-21)

여기에서 진실을 이야기할 필요가 있을 것 같다. 여러분이 알아야 할 중요한 사실은 믿음의 확실성은 곧 하나님께서 모든 것을 다 말씀해 주신다는 것을 의미하는 것은 아니라는 점이다. 하나님과 함께하는 초자연적 삶을 살다 보면 우리에게 주어진 모든 것을 다 알 수 없다는 사실을 하나님께서 가르쳐 주시는 것을 알게 된다. 내 말을 믿어도 좋다. 하나님께서는 그저 우리가 나아갈 수 있는 만큼만 보여 주신다. 그리고 나머지는 믿음으로 채워가게 될 것이다. 이것은 마치 커다란 연못에서 물수제비뜨기를 하는 것과 같은데 돌이 수면 위로 떠올라 '가', '나', '다' 지점을 딛고 나서 '라', '마', '바'와 '사'는 그냥 뛰어 넘고 '아', '자', '차'는 디뎠다가 '카', '타', '파'는 훌쩍 뛰어 넘어 힘껏 '하'로 빠지는 그림을 연상하면 될 것이다. 돌이 사이의 공간을 지날 때 바로 믿음이 필요한 것이다. 하나님께서는 빈 공간을 남겨 두신다. 우리의 눈으로 그것을 바라보기 원치 않으시는 것이다. 순종하는 마음으로 믿음을 가지고 그 길을 걸어가기를 간절히 원하신다.

하나님께서는 아침이 되었을 때 우리에게 침대에서 일어나라고 말씀하실 필요가 없다. 그리고 이 닦는 것을 기억시키실 필요도 없다. 그리고 성경을 펴서 읽고 기도하라고 말씀하지 않으셔도 된다. 하나님 나라의 가장 기초적인 원리들을 따르며 우리의 지각을 사용하여 하나님을 인식하고 그분과 동행할 준비가 되어 있으면 된다.

모든 것을 다 알고 있기 때문에 우리의 믿음이 확실성을 지니는 것이 아니라 전지 전능하시며 무소부재하신 분을 믿기 때문에 우리의 믿음은 확실성을 보장받게 되는 것이다.

행동을 수반하는 믿음

아무것도 이루어진 것이 없다면 믿음은 쓸모없는 휴지 조각이다. 사도 야고보는 이렇게 말한다.

> 이와 같이 행함이 없는 믿음은 그 자체가 죽은 것이라. 혹이 가로되 너는 믿음이 있고 나는 행함이 있으니 행함이 없는

네 믿음을 내게 보이라. 나는 행함으로 내 믿음을 네게 보이리라.(약 2:16-17).

하나님의 진리 가운데 믿음을 받았다면 그분의 말씀을 신뢰하는 법을 배워야 한다. 믿는 것과 기도하는 것, 그리고 하나님의 진리에 따라 모든 상황을 통제하는 법을 배워야 하는 것이다.

하나님의 명령에 따라 온전히 신뢰하며 불리한 상황 속에서도 방주를 만들었던 노아를 기억하는가?(히 11:7) 노아는 좀더 명확한 조짐이 나타날 때까지 기다리고 또 기다리기만 했다. 하나님께서는 분명한 음성으로 비가 내릴 것이라고 말씀하셨지만 오랫동안 비는 오지 않았다. 진짜 내릴 것 같아 보이지 않았다. 방주는 이미 그 대가를 지불했다. 물에 띄우지도 못하는 배를 마른 땅 위에서 만드는 것은 정말 어리석은 짓이었다. 그런 일을 하는 사람들을 어리석다 한들 누구를 탓할 수 있겠는가?

노아는 믿음을 가졌다고 하면서 그저 수동적인 자세를 취할 수도 있었다. '누군가가 나타나서 무언가를 하겠지. 나는 그저 하나님께서 하시길 기다릴거야'라고 생각하면서 말이다. 하지만 그는 행동을 취했다. 순종한 것이다. 그의 믿음은 움직이는 발을 가지고 있었으며 가지고 있던 연장통은 그 용도를 다 하였다. 노아는 어떻게 방주를 지어야 할지 전혀 알지 못했기 때문에 우리들처럼 믿음으로 한 걸음씩 발을 떼어야만 했다. 하나님의 음성을 듣고 그때마다 하나씩 행하면 하나님께서는 다음 해야 할 일들을 말씀해 주셨다. 그 첫 음성은 "방주를 만들어라"였다.

"그러면 무엇을 가지고 방주를 만드나요?"

"잣나무로 만들거라."

"그저 나무만 가지고는 배를 만들 수 없어요. 전혀 방수가 되질 않는 걸요? 물이 스며들지 않게 하려면 어떻게 해야 하죠?"

"역청을 바르면 된다."

노아는 믿음을 가지고 하나 하나 쉼 없이 방주를 완성해 갔다(창 6:14).

믿음의 분량에 따라

로마 교회를 향해 쓴 바울의 서신서에서는 하나님께서 각 사람에게 나누어 주신 믿음의 분량대로 생각하라는 말씀이 등장한다(롬 12:3). 하지만 이 믿음은 사용하지 않으면 잃고 만다. 체육관에서 날마다 운동하는 사람처럼 단련을 통해 믿음의 근육을 키워 가야 한다. 여러분은 이미 기본 근육을 갖추고 있다. 그렇다면 이 근육을 키울 수 있는 방법은 무엇일까? 현실 가능한 방법을 모색해 보도록 하자.

믿음은 행동, 혹은 그것을 표출해야만 그 실체를 파악할 수 있다. 여러분이 처해 있는 상황은 어쩌면 하나님께서 보여 주신 뜻과 대치하고 있을 수도 있다. 환경적 조건도 따라 주지 않고 우리의 감정이나 논리체계 역시 동조하지 못할 때가 있다. 그래서 이러한 상황 가운데 외칠 수 있는 말이 필요할지도 모른다. 환경과 조건들을 향해 뒤따라 줄 것을 명령해야 하는 것이다. 에스겔처럼 '메마른 뼈'들에게 살아서 움직이라고 말할 수 있겠는가?(겔 37장)

어쩌면 여러분의 삶은 마른 뼈들과 깨어지고 부서진 조각들로 가득할지도 모르겠다. 기억을 더듬어 보라. 그러면 하나님께서 그것들을 향해 이렇게 말씀하신다. "그 기억들을 향해 외치라." 하나님의 뜻 가운데 다시 제자리를 찾아갈 수 있도록 그것들을 바라보며 명령하라. 나면서부터 절름발이었던 남자가 손을 벌려 구걸했을 때 베드로도 이와 같은 행동을 취하였다. 비록 치유가 아닌 돈을 갈구하고 있었지만 절름발이 남자에게는 그에게 허락된 분량의 믿음이 있었다. 그리고 베드로 역시 자신의 분량에 맞는 믿음을 소유하고 있었다. 베드로의 믿음은 그를 치유할 만큼 큰 것이었다. 아무런 돈을 가지고 있지 않았던 베드로는 절름발이 남자가 구걸했던 것보다 더한 것을 선물로 줄 수 있었다. 쓸모 없게 된 두 다리가 완전히 정상으로 돌아오도록 명령한 것이다.

> 베드로가 요한으로 더불어 주목하여 가로되 "우리를 보라" 하니 그가 저희에게 무엇을 얻을까 하여 바라보거늘 베드로가 가로되 "은과 금은 내게 없거니와 내게 있는 것으로 네게 주노니 곧 나사렛 예수 그리스도의 이름으로 걸으라" 하고 오른손을 잡아 일으키니 발과 발목이 곧 힘을 얻고 뛰어 서서 걸으며 그들과 함께 성전으로 들어가면서 걷기도 하고 뛰기도 하며 하나님을 찬미하니(행 3:3-8).

베드로는 믿음에 기초하여 이를 행동에 옮기는 초자연적인 삶의 가장 좋은 본을 보여 주고 있다. 한바탕 불어닥칠 성령의 세찬 바람을 맞이할 준비가 되어 있는 사람의 전형적인 본보기인 것이다.

여러분은 이미 각자에게 허락된 분량의 믿음을 소유하고 있다. 그것을 가지고 무엇을 해야 할지는 여러분에게 달려 있다. 성령님께서 도와주신다고 해도 믿음을 실행하는 것은 하나님이 아닌 여러분의 몫이다. 초자연적인 삶을 살아가다 보면 온갖 종류의 불확실한 상황 가운데 맞닥뜨리게 된다. 바로 이 때 여러분에게 주어진 믿음의 분량를 사용해야만 한다. 그렇게 했을 때 믿음이 자라게 되는 것이다(눅 17:5-6). 그리고 기름부으심이 넘쳐나거나 믿음의 은사를 가지게 되는 순간 주변 상황을 바라보며 명령할 수 있게 된다.

태양을 향해 명령하고 바람을 꾸짖어 보라. 뼈들을 향해 외치고 질병을 대적해 보라. 이 모든 것들이 하나님의 말씀 가운데 제자리를 찾아갈 수 있도록 명령하라. 여러분이 가진 믿음의 분량을 사용하여 일을 행하라. 믿음의 토대 위에서 행하는 초자연적인 삶을 살아보라.

기도: 허리띠에 장착한 모든 무기들을 위한 병기

그리스도 예수 안에 있는 모든 성도들에게 예외없이 주어지는 권리가 있다. 그것은 필요할 때마다 구하면 언제든지 건강과 긍휼이 넘치는 은혜의 보좌로 나아갈 수 있는 권한이다. 기도, 즉 하나님을 대면하고 이야기를 나누는 것을 통해 하늘 창고를 열 수 있는 열쇠를 얻게 되는 것이다. 기도는 어떠한 것이든 접근 가능하게 만드는 무기이다. 뿐만 아니라 이 무기는 모든 성도들에게 자동적으로 장착되어 있다. 성도가 되면 누구나 소유하게 되는 출입증과도 같은 것이다. "도와주세요!"라고 외치기만 하라. 어떠한 일이 일어날지 목도하게 될 것이다.

기도: 분향 제단에서의 사역

기도는 제단에서 향을 올려 드리는 사역과도 같은 것이다. 과거에는 오직 제사장만이 감당했던 사역이었지만 그리스도 예수를 통해 이제는 우리 모두가 제사장이 되었다. 스가랴가 제단에서 향을 피울 차례가 되었을 때 경험했던 것과 같은 초자연적인 경험을 우리도 동일하게 겪을 수가 있는데 위로 올라가는 것이 있으면 반드시 내려오는 것이 있다.

스가랴는 '분향하는 시간'에 주님께 기도하기 위해 나아왔다. 그리고 사람들은 밖에서 기도하고 있었다(눅 1장). 분향, 즉 기도가 올라가자 주의 사자가 하늘로부터 땅으로 내려왔다. 가브리엘 천사는 불임이었던 그의 아내 엘리사벳이 치유를 받아 아들을 낳게 될 것이라 선포하며 그 이름을 '요한'이라 지으라고 전한다. 스가랴가 집으로 돌아오자 그의 아내는 아들을 가지게 되었고 결국 아홉 달 이후 세례 요한을 출산하기에 이른다.

기도: 초자연적 능력 끌어 내리기

자신에게 주어진 임무에 충실했던 하나님의 사람 스가랴는 초자연적인 기적을 맛보는 기도를 경험하게 되었다.

우리가 속한 이 시대에도 성령 안에서 초자연적인 기

적을 새롭게 경험할 수 있는 문지방을 넘어서리라는 확신이 있다. 이를 나타내 보여 주는 여러 증거들 가운데 동일한 시간에 각기 다른 장소에서 서로에 대해 전혀 모르는 사람들이 40일 금식을 통해 기적을 맛보기 위해 일어났던 기도 운동이 특이할 만한 것이었다.

텍사스에서 이러한 일이 일어났는데 그 곳에 마이크와 신디 제이콥스가 '세계의 장군들(Generals International)'이라는 기도 운동을 일으켰다. 그들은 고든 린제이(Gordon Lindsay)의 '열방을 향한 그리스도(Christ for the Nations)' 사역과 연계하여 치유의 음성을 길어내기 위한 우물들을 다시 파는 작업을 하고 있었다. 또 다른 운동이 애리조나에서도 일어났는데 예언사역을 활발하게 해 오던 패트리샤 킹(Patricia King)은 피닉스에 초자연적인 기적을 일으키기 위해 성령 안에서 씨름하던 중이었다. 피닉스는 A. A. 알렌의 '기적 골짜기(Miracle Valley)'가 있는 곳으로서 초자연적인 역사를 간직하고 있다.

가장 최근 기도 여행을 다니던 중 예루살렘에서 '대속의 날(Yom Kippur)'을 기념하고 있었다. 그곳에서 마귀의 진영을 제압하는 권세가 점점 강해지면서 놀라운 초자연적인 사건이 발생하는 그림을 그대로 재현하고 있는 꿈을 꾸었다. 예수님께서는 "너희 중에 두 사람이 땅에서 합심하여 무엇이든지 구하면 하늘에 계신 내 아버지께서 저희를 위하여 이루게 하시리라"(마 18:19) 라고 말씀하셨다. 믿음을 북돋우고 전 세계적인 그리스도의 몸을 이루며 기도할 수 있도록 이끄시는 성령님께서는 놀라운 기적들과 함께 내게도 임하신 것이다.

여러분의 기도 가운데 다른 이들도 동참할 수 있도록 하라. 하나님께서 임하셔서 이 세대 가운데 성경 속에서 읽었던 기적들이 일어날 수 있도록 기도하라. 귀머거리와 벙어리와 장님이 고침을 받고 귀신들린 자들이 놓임을 받으며 정신적 장애를 겪고 있는 사람들에게 치유의 능력이 임하고 죽은 사람들이 살아나며 걷지 못하던 사람들이 뛰어 다니게 되는 그런 기적들 말이다.

굶주린 사람들에게 먹을 것이 생기며 구원받지 못한 이들에게 예수님께서 직접 나타나셔서 복음을 전하시는 기적이 일어나길 바라지 않는가?

만약 여러분이 크리스천 뉴스를 접하고 있다면 이러한 종류의 기적들이 최근에도 종종 보고되고 있다는 사실을 알게 될 것이다. 그 가운데에는 죽은 사람들이 살아났다는 소식도 포함되어 있다. 초자연적 영역이 자연 세계로 침투해 들어오게 된 이유는 많은 성도들이 자신의 허리띠에 기도라는 무기를 장착하고 다른 이들과 함께 이를 사용해 왔기 때문이다.

영적 은사들: 특별한 상황 속에서 필요한 특별한 무기들

믿음이라는 무기가 가진 능력과 기도라는 병기를 허리띠에 장착한 성도라면 또 다른 종류의 특화된 무기를 더 많이 갖출 수 있게 된다. 이를 두고 영적 은사들이라고 부른다. 은사는 노력을 통해 얻어지는 것이 아니라 그저 주어지는 것이다. 우리를 사랑하시는 아버지 하나님께서 선물로 나누어 주시는 것이다. 우리가 취해야 할 태도가 있다면 이 은사들을 받아들여 하나님의 영광을 위해 사용하는 법을 배우는 것이다.

지금부터 스물 다섯 가지의 특별한 은사들에 대해 소개해 보고자 한다. 다음 중 어떠한 은사들을 여러분의 허리띠에 장착하고 있는가?

1. 다스리는 은사(고전 12:28)
2. 사도의 은사(고전 12:28, 엡 4:11)
3. 독신의 은사(고전 7:7)
4. 영 분별의 은사(고전 12:10)
5. 영생의 은사(롬 6:23)
6. 전도자의 은사(엡 4:11)
7. 위로의 은사(롬 12:8)
8. 믿음의 은사(고전 12:9)

9. 구제의 은사(롬 12:8)

10. 치유의 은사(고전 12:9)

11. 도움의 은사(고전 12:28)

12. 방언 통변의 은사(고전 12:10)

13. 리더십의 은사(롬 12:8)

14. 긍휼의 은사(롬 12:8)

15. 기적을 행하는 은사(고전 12:10)

16. 목양의 은사(엡 4:11)

17. 예언의 은사(고전 12:10)

18. 선지자의 은사(고전 12:28, 엡 4:11)

19. 의의 은사(롬 5:17)

20. 봉사의 은사(롬 12:7)

21. 교사의 은사(고전 12:28, 엡 4:11)

22. 가르치는 은사(롬 12:7)

23. 여러 종류의 방언을 말하는 은사(고전 12:10)

24. 지식의 은사(고전 12:8)

25. 지혜의 은사(고전 12:8)

 어떤 사람들은 여기에 순교의 은사를 추가하기도 하지만 성경에서 은사로서 특별히 순교에 대해 추가한 구절이 없다. 순교는 크리스천의 운명인 것이다. 예언이나 가르침 등과 같은 어떤 은사들은 더한 능력을 발휘하거나 지속적인 형태로 나타나기도 하는데 이를 두고 그러한 은사에 대한 '직분'을 가졌다고 말하기도 한다. 다른 이들이 규정한 것보다 좀 더 많은 은사들을 이곳에 소개했는데 믿음과 기도를 장착한 영적 허리띠에 '영생'과 '의'와 관련된 성령의 은사가 특히 눈에 띄는 것들이다.

어떤 이들은 다음과 같은 항목의 성령의 은사들을 발견하기도 한다.

장인 기술
권면
금식
손대접
중보기도
꿈 해석
판단자
선교사 혹은 타문화권 사역
음악
박애
찬양 인도자

이미 알고 있겠지만 예배나 기도에 관한 은사는 성경 속에서 찾아 볼 수 없는 것들이다. 성령님께서 주시는 은사의 항목으로서 성경 그 어느 곳에서도 등장하지 않는 그런 항목들인 것이다. 그렇다고 해서 이 은사들이 '누구나' 다 가지고 있는 믿음과 같은 것도 아니고 그 어디에도 기록되지 않은 특별한 은사도 아니다. 우리는 성경의 여러 곳에 흩어져 있는 은사들과 성경 속에서 그 존재에 대해 입증되지 않았다고 여기는 것들까지 함께 모아 볼 필요가 있다.

이곳에 제시한 무기들 중 최소한 한 가지 이상의 은사를 하나님께 받아 여러분의 영적 허리띠에 장착하고픈 소망이 생길 것이다. 여러분은 어쩌면 계시적인 차원의 은사들이나 '능력'을 그대로 발현하는 은사들, 혹은 자신이 경험한 진리를 입술로 선포할 수 있도록 돕는 은사들을 장착하고 있을지도 모르겠다. 미래에 한 가지 혹은 여러 가지의 성령 사역들이나 직분을 가지고 있을 수도 있다. 하지만 이것 하나만은 분명한 사실임을 잊지 말라. 하나님께서 나누어 주시는 은사들 중 어느 것 하나도 가지지 못한 사람은 절대로 없을 것이다. 우리는 모두 하나님께 속하여 있기 때문이다.

믿음으로 사는 삶

믿음은 삶의 방식이다. 또한 초자연적인 것이다. 믿음

으로 산다는 것은 하루 하루가 지나고 또 다른 해가 지나가는 일상의 삶 속에서 그리스도의 날을 계속해서 사는 것이다.

초자연적 삶을 살기 위해 여러분이 행하는 모든 삶의 이슈들은 믿음에서부터 온 것이어야 한다. 심지어 먹는 음식을 고르면서도 말이다. 엄격히 말해서 "믿음으로부터 나지 않은 것은 어떠한 것이든 모두가 다 죄"이다(롬 14:23). 행동을 취할 때마다 항상 하늘의 음성을 들어야만 한다는 의미가 아니다. 크든 작든 여러분의 시선이 항상 하나님께 고정되어 있어야 한다는 뜻이다. 어떠한 문제가 있든 의구심이 들든 가장 먼저 찾아가 만나야 하는 분은 바로 하나님이시다. 걸어 갈 방향을 알기 원할 때도 마찬가지이다. 하나님께서는 사람을 통해서나 직업을 통해서 살아 갈 양식을 채울 수 있도록 하신다. 하지만 우리 인생의 모든 것은 다 주님께로부터 온 것이며 그분께 되돌려 드려야 하는 것임을 잊지 말라.

믿음으로 살아 가는 사람은 그 잠재력에 한계점이 있을 수 없다(마 19:26, 막 9:23). 이러한 종류의 잠재력은 우리가 원하는 대로 마음껏 방종하게 하는 것이 아니라 하나님의 뜻과 방법을 구하도록 이끌며 결국 성령의 바람을 타고 하늘로 날아 오르게 하는 것이다.

초자연적 삶은 사랑을 통한 믿음 사역이다

자신의 아들을 믿는 이들이라면 조건 없이 받아 주시는 하나님의 사랑에 대한 은혜를 바울이 가르쳤던 적이 있다. 그런데 자칫 잘못하면 우리가 어떻게 살아도 상관없이 이러한 은혜가 계속 되리라는 오해가 주위에 만연해 있는 것 같다. 하나님의 사랑을 얻기 위해 우리가 할 수 있는 것은 아무것도 없음은 자명한 진리이다. 종교적인 의식이나 규율과 규제를 통해 하나님의 용납을 얻고자 한다면 그분의 구원을 무시하는 것이다. 하나님은 여러분을 사랑하신다. 그리고 그분의 나라로 여러분을 들일 수 있도록 결정하셨다. 우리를 위해 돌아가신 하나님의 아들에게 복종함으로 하나님께 용납받게 된 것이다. 더 이상 우리 자신의 죄에 대한 대가를 우리 스스로 치르지 않게 되었다.

이제 죄를 지을 수 있는 핑계거리는 저 멀리 사라져 버렸다. 하나님의 은혜가 죄의 사슬에 묶여 있던 우리 모두를 자유롭게 하였고 우리는 이제 하나님께 순종하며 의로운 삶을 살 수 있게 되었다. 다시말해 초자연적 삶이 가능해진 것이다. 하나님의 은혜로 그분의 성령이 우리 안에서 역사하실 수 있도록 구원의 능력이 그 힘을 발휘할 수 있도록 하였으며 하나님께서 소원하시는 것들이 우리의 것이 되었다. 그래서 우리는 그분의 뜻대로 행할 수 있는 능력을 부여받게 되었다(빌 2:12-13). 하나님께서는 모든 선한 일을 위해 넘치는 은혜를 부어 주시며(고후 9:8) 감당할 수 있도록 강건하게 하신다(살후 2:16-17). 그리고 모든 선한 일을 위해 우리를 부족함 없도록 구비시키신다(히 13:20-21).

> 모든 사람에게 구원을 주시는 하나님의 은혜가 나타나 우리를 양육하시되 경건치 않은 것과 이 세상 정욕을 다 버리고 근신함과 의로움과 경건함으로 이 세상에 살고 복스러운 소망과 우리의 크신 하나님 구주 예수 그리스도의 영광이 나타나심을 기다리게 하셨으니 그가 우리를 대신하여 자신을 주심은 모든 불법에서 우리를 구속하시고 우리를 깨끗하게 하사 선한 일에 열심하는 친백성이 되게 하려 하심이니라 (딛 2:11-14).

우리가 할 일은 행함을 통해 믿음을 보이는 것이다. 우리의 선행이 아닌 믿음으로 은혜 가운데 구원을 받았지만(엡 2:8-9, 딛 3:5) 구원을 이룬 믿음은 그 결과 우리의 인생 가운데 초자연적인 역사를 일으키어 선한 일들을 수행할 수 있도록 한다(엡 2:10, 딛 3:7-8).

초자연적 삶은 사랑을 통한 믿음의 사역이다. 이것은 우리를 지치지 않고 이끄시는 하나님의 사랑이다. 또한 절대로 뒤로 물러 서지 않고 끊임없이 우리를 도우시는 하나님의 사랑이다. 이러한 하나님의 사랑은 아직 눈으로 보지 못했음에도 불구하고 초자연적인 실체를 믿는 믿음을 가져다 준다. 사랑은 초자연적인 것이다. 사랑이신 하나님이 계시지 않는다면 사랑이란 그저 실체의 그림자에 지나지 않을 것이다(요일 4:8).

성령님을 통해 우리 마음속에 부어진 사랑은(롬 5:5) 율법을 완성하기 위해 부어진 바 되었다(롬 13:8-10). 사랑은 하나님을 향해 수직적이면서 동시에 다른 사람들을 향해 수평적인 성질을 가지고 있다.

예수님께서는 구약 전체를 통해 기록된 것을 다음의 두 가지 명령으로 정리하셨다.

> 예수께서 가라사대 "네 마음을 다하고 목숨을 다하고 뜻을 다하여 주 너의 하나님을 사랑하라" 하셨으니 이것이 크고 첫째 되는 계명이요 둘째는 그와 같으니 "네 이웃을 네 몸과 같이 사랑하라" 하셨으니(마 22:37-39).

바로 이것이 초자연적 삶의 핵심요소이다. 주님의 사랑 명령 때문에 바울은 다음과 같은 말을 남길 수 있었던 것이다.

> 그리스도 예수 안에서는 할례나 무할례가 효력이 없되 사랑으로써 역사하는 믿음뿐이니라(갈 5:6).

필요하다면 회개하라

이제 여러분 가운데 조금이라도 믿음에서 벗어난 삶을 살고 있는 이가 있다면 겸손하게 죄를 고백하는 것 외에 그 어떠한 것도 할 수 없다. 어떤 이들은 '과대 믿음 망상증'에 대한 두려움과 선입견에 대해 회개해야 할지도 모르겠다. 그리고 믿음으로 사는 삶의 방식이나 다른 이들이 그렇게 살아가는 모습을 근심했다면 이 역시 회개해야 할 것이다. 우리들 중 어떤 이들은 믿음으로 사는 삶 속에서 우리가 지불해야 할 것들 때문에 두려워했다면 이 역시 주님 앞에 회개하며 나아가야 할 것이다.

행함이 있는 믿음

자, 이제 지성소 안으로 걸어 들어갈 시간이다. 기도하고 행동을 취해야 할 때가 왔다. 제단에서 향을 피우는 사역을 감당했던 스가랴가 중대한 날을 맞이했던 것 같이 하나님께서 초자연적인 만남과 치유, 그리고 기적을 행하시리라는 사실을 믿으라.

때에 따라 돕는 은혜를 주시는 하나님께서 우리를 위해 예비해 주신 영적 허리띠에 장착한 무기들을 꺼내라. 사랑 안에서 믿음으로 행하며 긍휼과 지혜, 방언과 예언, 그리고 다스림과 목양과 전도와 구제와 기적을 이끌어 내야만 한다.

숙련된 목수가 좋은 집을 만들 때보다 더 많은 시간이 걸릴 수도 있다. 하지만 우리 모두 힘을 합쳐 초자연 주식 회사의 직원이 되어 하나님 안에 있는 믿음을 실천에 옮겨 보는 것은 어떤가? 이 땅 가운데 그리스도의 몸을 세워 나가는 일에 동참하는 것이다. 하나님의 나라와 그분의 뜻이 이루어질지어다!

되돌아보기

성령님 안에서 초자연적 삶을 경험하려면 초자연적 무기들을 갖추어야만 한다. 이 무기들 중에는 모든 성도들에게 주어지는 믿음, 소망, 영생, 의로움, 그리고 기도와 같은 기초적인 것들부터 시작해 치유나 지식의 말씀과 같은 다소 구체적이고 '전문적'인 무기들도 존재한다.

1. 하나님께서 여러분에게 허락하신 성령의 허리띠에 장착한 영적인 은사나 무기들이 있다면 무엇인가?

2. 믿음을 좀더 적극적으로 실행하려면 그 방법은 무엇이겠는가? 그 결과 여러분의 믿음이 이전보다 훨씬 더 강해진 사실을 깨달을 수 있었는가?

3. 초자연적인 삶과 믿음으로 사는 삶을 어떻게 연관시킬 수 있을까?

9장

지원군이 오고 있다

여러분과 나는 초자연적 삶을 살아가고 있다. 초자연적 삶의 백미 가운데 하나는 함께할 수 있는 동지를 가질 수 있다는 데 있다. 성령님과 천군 천사들에 대한 내용을 이번 장에서 다루려고 한다. 여러분은 이제 초자연적인 인도와 천국을 경험하는 문턱 앞에 다다른 것이다.

오직 우리들만이 주님의 뜻과 계획을 이루는 일에 부름 받은 것이 아니다. 우리 속에 거하시는 보혜사 성령님을 보내 주신 약속을 이루신 예수님께 감사하라. 우리가 부를 때 이에 응답하시는 예수님께 감사하라. "그러므로 우리가 긍휼하심을 받고 때를 따라 돕는 은혜를 얻기 위하여 은혜의 보좌 앞에 담대히 나아갈 것이니라"(히 4:16).

초자연적인 삶을 산다는 것은 은혜의 보좌로 들어갈 수 있도록 보장받았음을 의미한다. 그곳에서 초자연적 필요를 채울 수 있다. 은혜의 보좌로부터 오는 도움은 여러 모양으로 나타난다. 앞으로 좀 더 구체적으로 이에 대해 다루도록 하겠다.

영적인 안내로 들어가기

초자연적 삶을 경험하려면 날마다 여러분의 십자가를 지고 성실하고 거룩하게 그 길을 따라 걸어가야 한다. 그 어디에도 지름길은 없다. 이 과정 속에서 계시의 영을 경작해야만 한다. 사도 바울은 에베소서의 성도들을 위해 이러한 기도를 했으며 우리 역시 이 기도를 본받을 수 있다.

> 우리 주 예수 그리스도의 하나님, 영광의 아버지께서 지혜와 계시의 정신을 너희에게 주사 하나님을 알게 하시고 너희 마음 눈을 밝히사 그의 부르심의 소망이 무엇이며 성도 안에서 그 기업의 영광의 풍성이 무엇이며 그의 힘의 강력으로 역사하심을 따라 믿는 우리에게 베푸시는 능력의 지극히 크심이 어떤 것을 너희로 알게 하시기를 구하노라(엡 1:17-19).

우리 안에 내주하고 있는 지혜와 계시의 영이 의미하는 바가 무엇일까? 그것은 바로 우리가 성령님의 음성을 들을 수 있게 되었음을 말해 준다. 언제나 그 음성을 듣고 그 뜻이 무엇인지 분별할 수 있을 것이라 생각하는가? 천만의 말씀이다. 하지만 그 음성을 좀 더 잘 들을 수 있도록 배울 수 있다고 여기는가? 물론 가능하다. 예전에 하나님의 음성을 전혀 들어 보지 못했거나 너무나 희미해서 도

무지 어떠한 것인지 알지 못했어도 상관 없다.

이러한 내용을 다룬 또 다른 책 '하나님을 들으라 – 하나님의 음성을 듣는 지침서'의 서문에서 우리와 함께하시는 성령님께서 초자연적 가이거 계수관(방사능의 세기를 측정하는 장치)처럼 하나님께서 인도하시는 음성을 가까이 접할 수 있도록 도우신다고 언급한 적이 있다.

가이거 계수관은 참으로 흥미로운 도구이다. 독일의 물리학자인 한즈 가이거가 1928년에 이것을 발명했는데 이 계기를 가지고 방사선의 존재와 그 강도를 측정할 수 있다. 자연 발생적으로 새어 나오는 배기가스나 우라늄과 같은 방사성 물질에서부터 나오는 에너지의 정도를 알 수 있도록 도와 주는데 방사능이 가스 전도 물질을 생성할 때 발생하는 전기가 만들어 내는 가스가 가득 찬 관을 사용한다. 가이거 계수관은 딸각거리는 소리를 내며 신호를 증폭시키는 역할을 한다. 그래서 어떠한 물질이 만들어 내는 방사능의 강도가 더 강해지면 이에따라 그 소리가 더 커지고 빨라지게 된다.

이 계기에 대해 생각할 때마다 하나님의 음성을 듣는 것과 비슷한 점을 발견한다. 우리의 영혼은 마치 가이거 계수관이 소리를 내며 알려 주듯 하나님과 더 가까운지 멀리 있는지를 알려 준다. 이러한 작업을 통해 모든 단편들을 끌어다 하나로 모을 수 있다. 바로 이 때 우리 속 사람이 증거하는 소리에 주의를 기울이는 법을 배우게 된다. 성령님과 함께 우리 영의 상태를 확인해야 하는데 속사람의 증거에 귀를 기울였을 때 그 내용을 잘 알아 들을 수도 있고 그렇지 못할 경우도 있다. 성령으로 충만할 경우 모든 영적 지침 시스템을 갖출 수 있게 된다.[1]

하나님의 영으로부터 고요하고 세미한 음성 가운데 연결된 경험이 있는가? 하나님께서 제시하시는 전제조건과 부합한다면 그분의 음성을 더욱 더 민감하게 감지할 수 있을 것이다. 이사야 58장을 읽어 보라. 주님께서 제시하시는 전제조건이 무엇인지 찾을 수 있을 것이다. 이 조건들 가운데 하나님을 영예롭게 하며 가난한 자들과 짓밟힌 자들을 돌보며 다른 이들을 향한 참소를 거두고, 무엇보다도 겸손한 마음을 가져야 할 것들이 포함되어 있다.

우리의 마음을 예비할 뿐만 아니라 하나님의 음성을 듣고 그분의 인도하심을 분별하여 특정한 기술로 발달시키기보다 예술적인 형태로 승화시킬 줄 아는 능력을 갖추는

---

[1] 제임스 W. 골, '하나님을 들으라 – 하나님의 음성을 듣는 지침서'(권지영 역, 쉐키나 출판사, 2007), 성령의 지침에 대한 열 가지 원리들 역시 이 책의 이번 장에 다루었다.

것도 필요하다. 여러분이 반드시 알아야만 하는 기본적인 규칙들이 있는 것이다. 이러한 조건들은 하나님, 그분의 존재 자체를 만날 수 있도록 도와줄 것이다. 여러분의 인생을 향한 하나님의 뜻이 아닌 그분 자체를 찾게 되는 것이다. 하나님께 더 가까이 다가갈수록 그분의 뜻 가운데 걸어가는 모습은 더욱 더 자연스러워질 것이다.

성경 말씀을 통해 말씀하시는 하나님

영적 지침 원리 가운데 가장 중요한 항목은 바로 하나님께서는 이미 우리에게 허락해 주신 성경 말씀을 통해 이야기하신다는 사실이다. 말씀 가운데 든든히 그 토대를 마련하고 그 말씀을 더욱 더 친밀하게 만나기 위해서는 매일 성경을 묵상해야 한다.

성령님의 음성을 듣기 위한 최선의 방법은 언제나 말씀을 읽고 이 말씀에 기초한 설교를 듣거나 이에 대한 대화를 이어가는 것이다. 특정한 성경 구절이나 개념들을 발견하게 될 것이며 어떤 상황이 발생했을 때 성령님의 조명 아래 하나님의 말씀이 살아 움직이게 될 것이다.

만약 하나님으로부터 새로운 말씀을 들었다고 여기거든 반드시 이를 비추어 볼 수 있는 절대적인 기준점이 있어야만 한다. 모든 초자연적 경험은 성경 말씀을 통해 가려내야 하는 것이다. 우리 삶의 방향 가운데 어떠한 하나님의 뜻을 느꼈다면 마찬가지로 말씀으로 돌아가야만 한다.

그렇다고 해서 성경책을 가지고 모든 상황마다 도박을 해서는 안 된다. 성경은 하나님께서 여러분에게 말씀하시는 내용의 진실성을 규명하기 위해 정확한 측정을 하는 도구가 아닌 것이다. 하지만 하나님의 음성을 들었다고 여기는 순간 성경을 묵상하며 깨달았던 내용을 가지고 신중하게 살피고 또 살펴서 하나님의 인도하심을 확인해야 한다. 성경은 그야말로 놀라운 책이다. 여러분이 한 장 한 장 넘길 때마다 초자연적인 삶을 어떻게 살아가야 할 지에 대해 더 많은 것을 발견하게 될 것이다.

상황을 통해 자신의 뜻을 확증하시는 하나님

상황만 가지고는 영적인 인도하심을 이루어 낼 수는 없다. 하지만 상황 속에서 하나님의 뜻을 더욱 더 분명하게 발견하게 되는 경우가 있다.

"하나님을 들으라 - 하나님의 음성을 듣는 지침서"에서 하나님을 섬기는 일에 너무나 몰두한 나머지 대학 공부를 그만 둘 뻔한 이야기에 대해 적어 놓았다. 공부 때문에 인생을 허비하고 싶지 않았기 때문이다. 졸업을 여섯 달 정도 앞두고 학업을 거의 포기한 상태였다. 하지만 마지막으로 결정하기 전 하나님의 뜻을 확인하기 위해 무언가를 보여 주시길 간구했다. 그런데 갑자기 신청하지도 않은 장학금을 받게 되었다는 소식을 듣게 되었다. 그 장학금의 내용은 종교 '리더십'을 위한 것이었다. 일반 대학교에서 재정적인 지원을 받게 된 것이다. 그래서 이를 수락하고 학위를 받기에 이르렀다. 이러한 상황이 환경을 통해 하나님께서 자신의 뜻을 확증하시는 경우이다.

마음 가운데 말씀하시는 하나님

우리는 '마음'과 '영'이라는 단어를 함께 사용하는 경우가 많다. 그래서 여러분의 마음 가운데 하나님께서 말씀하신다고 말할 때에는 여러분의 영혼 가운데 말씀하신다는 뜻과 일맥상통한다. 하나님께서는 영으로 우리의 영에게 말씀하신다.

성령님은 여러분의 마음 가운데 거하신다. 그리고 그분이 거하시는 곳에서 말씀하신다. 가장 최근에 여러분의 마음속에서 들려오는 소리를 들어본 적이 있는가? 무엇이 여러분의 마음을 계속해서 두드리고 있는가? 여러분이 초자연적인 삶 속에서 배우고 자라가고 있다면 하나님의 영이 전해 주는 심장박동이 여러분 안에서 점점 더 자주, 그리고 크게 들려 올 것이다.

그러나 진리의 성령이 오시면 그가 너희를 모든 진리 가운데로 인도하시리니 그가 자의로 말하지 않고 오직 듣는 것을 말하시며 장래 일을 너희에게 알리시리라(요 16:13).

하나님의 평안을 구하라

하나님께서는 듣는 이들에게 평안을 주시기 위해 평안 가운데 말씀하신다. 시편에서 이러한 사실을 발견할 수 있다. "내가 여호와의 하실 말씀을 들으리니 대저 그 백성, 그 성도에게 화평을 말씀하실 것이라. 저희는 다시 망령된 데로 돌아가지 말지로다"(시 85:8).

바꾸어 보면, 만약 여러분이 어떤 압력이나 불안정함, 그리고 바쁘게 쫓기거나 스트레스 상황 가운데 있다면 성령님의 소리를 듣지 못하고 있는 것이다. 정상이 아닌 감정이 외치는 소리를 듣거나 다른 이의 강한 주장, 혹은 마귀의 소리에 귀를 기울이고 있을지도 모른다. 하지만 평안이 없다면 그것은 하나님께로부터 온 것이 아니다.

하나님의 평안을 갖기 전까지는 다소 불안한 감정을 지닌 상태에서도 일을 진행시켜야 하는 경우도 있다. 평안을 구한다는 의미가 아무런 고난이나 갈등이 생기지 않는다는 뜻으로 착각해서는 안 된다. 하지만 하나님의 평안이 핍박 속에서도 잠잠한 피난처를 마련해 줄 것이다.

하나님의 평안은 견고하고도 한결같다. 상황에 따라 전술을 바꾸거나 추측 속에서 그 형태를 바꾸지 않는다. 하나님의 평안은 상황 속에서 하나님의 지혜로 표출된다(약 3:17).

하나님의 인도하심을 인내와 평안 가운데 기다릴 수 있다. 조급하게 서두를 필요가 없다. 하나님께서는 절대 늦으시는 법이 없다. 하나님의 말씀은 시련의 시기를 견딜 수 있게 해준다. 하나님은 혼란이 아닌 평안의 하나님이시다(고전 14:33).

예상치 못한 기대

하나님의 음성을 들을 수 있는 영적인 귀를 단련시켰다면 거의 예상치 못했던 순간 말씀하시는 것을 듣게 될 것이다. 아침에 잠에서 깨는 순간 가장 먼저 들려 오는 그분의 음성을 경험하게 될 것이다. 자동차를 운전하거나 잔디를 깎고 있을 때 여러분의 머릿속에 종을 치듯 그렇게 울릴 것이다.

하나님께서 팔꿈치로 살짝 건드리듯 알아채지 못하도록 교묘하게 인도하실 수도 있다. 초자연적 인도하심 가운데 가장 놀라운 부분은 우리 중 누구나 다 그분의 인도를 받을 수 있다는 것이다. 하나님의 뜻대로 행하기 원한다면 그분의 도움을 구해야 할 것이다. 그러면 주님께서 우리의 발걸음을 이끄실 것이다. 하나님께서는 조용히 자신의 생각을 우리에게 심어 주실 것이고 우리는 더욱 더 지혜로운 결정을 내리게 될 것이다.

하나님께서는 우리의 생각과 영 가운데 저축해 두고 계셨다가 적절한 시기가 다가오면 금고에서 예금을 인출할 수 있도록 하시는 것이다. 어느 날 아내가 예언적인 꿈을 꾸었는데 그녀가 그 꿈을 잊어 버린다 해도 불안해할 필요가 없었다. 하나님께서 그 꿈 가운데 내 아내의 영혼에 저축해 둔 것이 중요한 것이라면 언젠가 그것을 기억나게 하실 것이기 때문이다.

다 들을 필요는 없다

하나님께서는 여러분이 보이는 것이 아니라 믿음으로 행하기를 원하신다. 만약 하나님께서 모든 세세한 상황까지 다 가르쳐 주신다면 믿음이 아니라 눈에 보이는 것에 따라 살아가려 할 것이다.

그래서 모든 내용을 다 알려 주시는 대신 하나님께서는 '전채요리'를 선보이시는 것이다. 하나님께서는 한 걸음씩 내딛을 수 있도록 인도해 주신다. 그리고 개입하셔야 할 특별한 순간에 격려하시며 필요하다면 고쳐야 할 부분도 알려 주신다. 대부분의 경우는 바로 앞에 놓인 길을 바라보며 따라가는 경험을 하게 될 것이다.

8장에서 이야기했듯이 물가에서 돌멩이를 던져 물수제비 뜨기를 할 때 어떤 부분은 물을 딛지 않고 그냥 지나갈 때가 있다. 하나님의 돌은 하나, 둘, 셋 빨리 지나가다가 여덟 번째에 내려 앉고 다시 열두 번째, 열세 번째, 열네 번째를 거쳐 계속 앞으로 나아간다. 이렇게 되었다고 해서 잘못 될 것은 없다. 우리는 비록 하나님께서 모든 세세한 상황까지 완벽하게 이루어 주시리라 기대하지만 하나님은 그렇게 일하시지 않는다. 하나님께서는 우리와 함께 일하는 문화를 만들어 이를 지속해 가시길 원하신다. 하나님께서는 우리를 너무나 사랑하시기 때문에 세세한 상황을 다 알려 주시지 않는 것이다.

하나님께서 말씀하실 때 마음이 불편하다면

가끔씩 하나님을 더 가까이에서 따르다보면 가슴이 무너져 내리거나 실망하게 되는 경우가 있다. 아주 큰 실수를 저지르거나 그 상황 속에서 중요한 부분을 건드릴 때도 있다. 하나님께서 우리가 그리 썩 원하지 않는데도 불구하고 해야만 한다고 명령하시는 경우도 있다. 죄를 고백하거나 용서를 구하는 것과 같은 행위이다.

어떤 경우, 그곳에 왜 가야 하는지 그 이유를 알지 못하는데도 가야만 할 때가 있다. 여러분이 잘 알고 있다고 여겨지는 길로 갔다가 자신의 선택이 잘못되었다는 사실을 발견한 적이 없는가? 자신을 내려 놓는다는 것은 썩 유쾌한 일이 아니다. 여러분의 의견을 포기하거나 잘 짜인 계획을 멈춰야 하는 경우 말이다.

하지만 하나님께서 함께 하신다면 내려 놓음의 참 가치를 배우게 될 것이다. 그리고 하나님의 방법은 여러분의 것과 다르다는 사실에 대해 감사하는 법도 배우게 될 것이다(사 55:8-9). 하나님의 방법은 당시에는 전혀 즐거워 보이지 않지만 놀랍게도 우리에게 가장 좋은 것이다.

즉각적인 행동을 요구하는 하나님의 음성

여러분에게 한가지 묻겠다. 왜 하나님의 인도하심을 구하고 있는가? 대부분의 사람들은 무엇을 해야 할지를 알고 싶어 하나님의 인도하심을 구한다. 어떻게 하면 하나님의 뜻에 합당한 행동을 취할 수 있을지를 묻는 것이다. 여러분은 안전하기를 원한다. 그래서 올바른 결정을 내리기 원하지 않는가?

하나님게 듣는 것은 무엇이든지 어떤 종류이든 즉각적인 행동을 취하도록 여러분을 이끈다. 다니엘 11장 32절을 보면 다음과 같은 구절이 나온다. "그가 또 언약을 배반하고 악행하는 자를 궤휼로 타락시킬 것이나 오직 자기의 하나님을 아는 백성은 강하여 용맹을 발하리라."

이 말씀 속에 아주 중요한 내용이 담겨 있다. 많은 경우 대다수의 사람들은 아무 일도 일어나지 않는 곳에 하나님의 인도하심을 구한다. 그럴때면 항상 그들에게 묻는다. "하나님께서 최근에 당신에게 요구하셨던 것이 있었습니까?" 만약 그 요구에 응하지 않았다면 하나님께서는 행동을 취할 것을 분명하게 말씀하실 것이다. 그러면 다시 처음의 자리로 돌아가 그것을 행해야만 한다. 만약 지금 그것을 하기에 너무 늦어 버렸다면 하나님의 용서를 구하고 다른 기회를 주시길 요청해야 한다. 두 번째 인도하실 때는 그 양상이 약간 달라져 있을지도 모르지만 계속해서 인도하심이 따를 것이다.

하나님께서는 우리가 그분의 음성을 듣고 그에 따른 행동을 취하길 원하신다. 그리고 이 두 가지를 할 수 있도록 여러분을 도우신다.

평생을 두고 배워야 할 것

아무리 시간이 지나도 절대로 완벽해질 수 없다. 하지만 걱정하지 말라. 이러한 사실을 인정할 때 하나님은 더욱 더 크고 지혜로우셔서 우리와는 비교도 할 수 없는 분이라는 사실을 깨닫게 된다. 우리는 계속해서 더 배워야만 한다.

"이렇게 했을 때 하나님의 음성을 가장 잘 들을 수 있었어. 하나님께서는 늘 내게 말씀하신다니까." 만약 이런 식으로 여러분이 모든 것을 얻었다고 여긴다면 바로 이 순간 하나님께서는 여러분을 향한 규칙을 바꾸려 하실 것이다. 하나님의 음성을 듣는 것은 초자연적인 삶의 한 부분이다. 초자연적 삶이란 우리를 구원하시고 앞으로도 구원하실 그분과 살아 있는 관계를 맺는 것이기 때문이다. 다음의 말씀을 기억하라. "너희는 먼저 그의 나라와 그의 의를 구하라. 그리하면 이 모든 것을 너희에게 더하시리라(마 6:33)." 그분의 얼굴을 구하고 그분의 마음을 구하라. 그리고 예수님의 사랑하시는 제자 요한이 그랬던 것처럼 그분의 품에 안기라. 그분의 심장박동 소리가 들리는가?

천사, 하늘의 호위대

대부분의 기도 응답이 천사들을 통해 전달되고 있다는 사실을 알고 있는가? 우리는 그들을 볼 수 없다. 그래서 그들의 존재를 잊고 산다. 하지만 천사라는 존재를 알게을 여시매 저가 보니 불말과 불병거가 산에 가득하여 엘리사를 둘렀더라(왕하 6:15-17).

엘리사의 하인은 우리들 대부분의 모습이다. 천사들의 초자연적인 영역을 영적인 눈으로 볼 수 있는 가능성에 대해 잘 알고 있지 못하는 모습 말이다. 그런데 그가 성령님께 자신의 오감을 맡겨 드렸을 때 실존하지만 육안으로 식별할 수 없는 하늘의 모습을 볼 수 있게 된 것이다. 더 이상 엘리사와 같은 사람을 의지할 필요가 없어졌다. 누군가 특별한 기름부으심을 받은 사람의 도움을 구하지 않아도 된 것이다. 이제 그는 스스로 하나님께서 보내신 엄청난 수의 군대를 볼 수 있게 되었다.

천사들은 바로 가까이에 있지만 언제든 눈에 띄지 않게 존재할 수 있다. 늘 우리 옆에 있는 것은 아니지만 함께 있더라도 보통은 사람들의 이목을 집중시키지 않는 것이다. 어떤 사람이 천사를 볼 수 있다고 해도 바로 옆 사람은 그를 인지하지 못할 수도 있다. 이를 인지할 수 있는 이들이 있다면 천사들의 영역을 다른 사람들도 볼 수 있도록 기도할 수 있다. 그 어느 누구도 영적인 민감함을 가지지 못하도록 제한받지 않기 때문이다. 누구나 다 영적인 눈을 가질 수 있다. 동일하신 성령님께서 우리 각자에게 살아 계신다. 제한된 인간의 오감 안에 갇혀 있을 필요가 없다.

된다면 성도들의 초자연적 삶을 위해 그들이 수행하고 있는 임무에 대해 감사히 여길 수 있을 것이다.

16세기의 위대한 프랑스 종교 개혁자 존 칼빈은 다음과 같은 말을 남겼다. "천사들은 우리에게 예비된 영적인 풍성함을 전하는 사역자들이자 이를 담아내는 그릇이다. 계속해서 그들이 우리의 안전을 지키기 위해 무엇을 하고 있는지 어떻게 방어진을 구축하고 있는지, 그리고 어떠한 방법으로 우리의 갈 길을 인도하며 어떠한 악에도 빠지지 않도록 돌보고 있는지 알아야만 한다."[1]

열왕기 2장에 등장하는 엘리사와 하인의 이야기 속에서 묘사되고 있는 천사의 모습은 내가 가장 좋아하는 성경적인 그림이다.

> 하나님의 사람의 수종드는 자가 일찍이 일어나서 나가 보니 군사와 말과 병거가 성을 에워싸는지라. 그 사환이 엘리사에게 고하되 "아아, 내 주여 우리가 어찌하리이까" 대답하되 "두려워하지 말라. 우리와 함께 한 자가 저와 함께 한 자보다 많으니라" 하고 기도하여 가로되 "여호와여 원컨대 저의 눈을 열어서 보게 하옵소서" 하니 여호와께서 그 사환의 눈

---

1 존 칼빈, '기독교 강요'(김종흡 역, 생명의 말씀사, 2004)

이다. 그들에게서 가장 크게 놀라는 점 중 하나는 엄청난 크기에 있다. 경외심과 함께 여러분의 첫 반응은 그 자리에서 겸손하게 무릎을 꿇는 것일지도 모르겠다(골 2:18). 이해할 만한 행동이긴 하지만 부적절한 태도이다. 천사 역시 사람과 마찬가지로 피조물이다. 하나님을 섬기기 위한 종인 것이다.

> 이것들을 보고 들은 자는 나 요한이니 내가 듣고 볼 때에 이 일을 내게 보이던 천사의 발 앞에 경배하려고 엎드렸더니 저가 내게 말하기를 "나는 너와 네 형제 선지자들과 또 이 책의 말을 지키는 자들과 함께 된 종이니 그리하지 말고 오직 하나님께 경배하라" 하더라(계 22:8-9).

이와 상반되는 반응으로 천사들을 꾸짖거나 하찮게 여길 수도 있을 것이다. 물론 여러분이 온전한 성도라면 이런 태도를 가지기 쉽진 않겠지만 말이다. 여하튼 그들을 그저 환영으로 여기거나 우습게 보는 것이다(유 1:8, 벧후 2:10-11). 다른 사람들이 전해 주는 소식이 진실인지 아닌지 분별하는 것처럼 천사가 전해 주는 메시지에 대해서도 판단이 필요하다. 무엇보다 그 메시지가 사람으로부터 온 것인지 천사들로부터 온 것인지를 평가할 수 있어야 한다. 하지만 우리의 보는 것과 듣는 것이 하나님에게서 온

엘리사의 하인은 자신이 눈이 열려 광대한 천사의 군대가 언덕에 정렬하여 있는 것을 보았을 때 감탄할 뿐이었다. 여러분 역시 단 한 명의 천사를 만나 볼지라도 그 경이로움은 이루 말할 수 없을 것이다. 천사의 영역을 보았다면 여러분의 삶 가운데 새로운 국면을 맞이하게 된 것이다. 우리에게 익숙한 이 땅의 실제와 실존하고는 있지만 하늘의 영역 사이에 존재하고 있던 장막이 갑자기 거두어지는 경험을 하게 될 것이다. 그리고 여러분은 할 말을 잃고 멍한 모습으로 놀라움을 감추지 못할 것이다. 적절한 때에 필요한 도움을 보내시는 하나님을 알고 있기에 여러분의 경이로움이 더하게 되리라는 사실은 말할 것도 없다.

천사들에 대한 반응

천사에 대해 나타내 보여 주는 성경구절을 통해 많은 것을 배울 수 있다. 천사가 무엇을 하고 어떻게 생겼는지 그리고 그들을 어떻게 대해야 할지를 배울 수 있다. 천사에 대한 언급은 신약과 구약을 통틀어 성경에 300번 이상 등장한다. 초자연적인 삶을 살기 원한다면 천사의 존재에 대해 무관심해서는 안 될 것이다.

그렇다면 천사를 보았을 때 어떤 반응을 보여야 할까? 처음 그들이 나타날 때에는 잔뜩 겁을 먹을 수도 있을 것

것인지 아님 타락한 천사, 즉 사탄의 능력에 의한 것인지 분별할 수 있음에도 불구하고 천사들도 우리처럼 하나님께서 맡기신 일을 수행하는 역할을 한다는 사실을 잊어서는 안 된다.

천사, 우리의 동료 사역자

성경에서 지적하고 있듯이 천사들은 하나님의 종이다. 인류가 이 세상에서 하나님의 일들을 수행하는 존재라면 천사들은 하늘에서 이 업무를 대신한다. 하나님께서는 천사와 사람 모두를 창조하신 분이다. 시편 기자는 이렇게 말한다. "그의 모든 사자여 찬양하며 모든 군대여 찬양할지어다(시 148:2)." 이에 더하여 천사들은 하나님께 바쳐진 존재들이다.

히브리서 기자는 천사들에 대해 다음과 같이 설명한다.

> 또 천사들에 관하여는 그는 그의 천사들을 바람으로, 그의 사역자들을 불꽃으로 삼으시느니라 하셨으되[2] 모든 천사들은 부리는 영으로서 구원 얻을 후사들을 위하여 섬기라고 보내심이 아니뇨(히 1:7, 14).

---

[2] 시편 104편 4절을 인용하여 재정리한 구절이다.

이 구절에서는 하나님께서 천사들을 창조하셨고 구원을 유업으로 받을 우리들을 돕기 위해 그들을 세상 가운데 보내신다고 분명히 말하고 있다. 천사들은 하나님을 섬길 뿐만 아니라 인간을 위해서 존재한다. 그리고 천사들은 성도들과 자신의 도움을 통해 구원을 얻을지도 모르는 신앙이 없는 이들을 위해서도 일한다.

모든 상황을 종합해 볼 때 천사들은 하나님의 말씀에 순종하는 존재들이다.

> 능력이 있어 여호와의 말씀을 이루며 그 말씀의 소리를 듣는 너희 천사여 여호와를 송축하라. 여호와를 봉사하여 그 뜻을 행하는 너희 모든 천군이여 여호와를 송축하라 (시 103:20-21).

천사들이 일하는 방식에는 두 가지 혹은 세 가지가 있다. 천사들은 가끔 하나님의 직접적인 명령에 따라 움직인다. 누가복음을 보면 하나님께서는 가브리엘을 마리아에게 보내어 메시지를 전하게 하셨다(눅 1:26-28). 또한 중보기도 가운데 일하기도 한다. 다니엘이 이스라엘을 위해 하나님께 중보하고 있었을 때 가브리엘이 그에게 나타났다(단 10:11-12). 천사들은 하나님의 말씀을 레마(rhema)의 형태로 전할 때 주로 등장하기도 한다. 천사들은 사람의 명령은 따르지 않는다. 그는 우리와 같은 동료로서 하나님께서 주신 직무를 수행할 뿐이다. 하지만 천사도 하나님께서 예언적으로 하신 말씀을 받은 사람을 통해 들리는 하나님의 말씀에 순종하기도 한다. 성령님을 통해 성도는 하나님께서 행하기 원하시는 일들과 말씀하기 원하시는 것들이 무엇인지 알 수 있다. 그러므로 천사들이 순종 가운데 행동에 옮길 수 있는 권한을 사용할 수 있도록 하라.

천사의 사역들

천사들 역시 다 똑같지는 않다. 그들의 행동들, 기능과 사역들은 모두 다 다르다. 열 네 가지 정도 다양한 방법으로 섬기는 천사들의 모습에 대해 정리해 보았다.[3]

첫째, 천사들은 하나님의 임재를 가져온다. 성경에 계속해서 등장하는 특별한 구절이 있다. "하나님의 천사"(사 63:9, 출 13:21, 14:19, 23:20-21, 33:14-15) 라는 표현이 바로 그것이다. 주님의 사자로 불리는 천사가 등장하는 경

---

[3] 아내 미갈 앤 골과 함께 쓴 '하나님과 마주침'(God Encounter, 2005) 의 내용을 상당 부분 적용했다.

우 하나님의 강한 임재도 함께하곤 했다. 이 구절들은 그리스도의 현현으로 해석되기도 했다. 구약에 등장하는 예수님의 성육신의 전조로서 보는 것이다. 이러한 해석이 가능할 수도 있겠지만 천사들 중 하나님의 신성하고 강력한 임재를 마련하는 특정한 역할을 하는 이가 있다고 믿는다. 그들이 이 땅 가운데 임할 경우 현저하게 눈에 띄는 분위기의 전환이 뒤따른다. 찰스 피니(Charles Finney)의 순회 전도 모임에 참석한 이들이 1마일 정도 떨어진 곳에 천사들이 진을 치고 있다는 보고를 했다. 피니는 그 천사들이 모임 가운데 하나님의 임재를 가져오기 위해 방문했다고 믿었다.

둘째, 천사들은 하나님의 말씀을 전해 준다. 하나님께서는 요셉에게 나타나 마리아가 임신한 것을 전했고 마리아와 아기 예수를 애굽으로 데리고 떠나라는 메시지도 알렸다(마 1:20, 2:13, 19). 가브리엘 천사는 스바냐와 마리아에게 나타나 하나님께서 요한과 예수님을 이 땅 가운데 태어나게 할 것이라는 말씀을 전했다(눅 1:19, 26-27). 천사들은 무덤가에 있던 여인들에게 부활의 소식을 전하기도 했다(마 18:1-7). 오늘날에도 여전히 이러한 사건들이 일어나고 있다. 인디애나폴리스에서 몇 년 전 사역하고 있었을 때였다. 한밤중에 갑자기 뿔나팔 소리가 들려와 잠에서 깨어났다. 그래서 침대에서 일어나 보니 방 안 가득 앞으로의 운명과 삶의 목적을 전하는 메시지로 가득했다. 그리고 크고 빛나는 천사가 내면의 가장 깊은 곳을 응시하며 외쳤다. "이제 시작할 때가 되었다!" 그리고 나서 약 20여 분 동안 두 눈을 똑바로 뜬 채 하늘 나라로부터 계시되는 그림들을 보았는데 하나님의 명령을 수행하기 위해 지구를 가로질러 파견된 수백 명의 천사들이 그 가운데 있었다.

셋째, 천사들은 꿈과, 계시와 깨달음을 가져다 준다. 가브리엘 천사는 다니엘에게 마지막 때와 관련된 이야기들을 깨달을 수 있도록 했다(단 8:15-19). 요한계시록 전체 내용은 한 천사가 사도 요한을 통해 기록하도록 한 것이다(계 1:1).

넷째, 천사들은 길을 안내하고 방향을 알려준다. 주의 천사가 빌립에게 임하여 길에서 에티오피아의 내시를 만나도록 했다(행 8:26). 천사가 아브라함의 종을 인도하여 이삭의 아내감을 찾게 하기도 했다(창 24:7). 천사 덕분에 바울은 폭풍으로 파선한 배에 타고 있던 자신과 다른 이들의 목숨이 어떻게 될지에 대해서도 알 수 있었다(행 27:23-24).

다섯째, 천사들은 우리를 구출하기도 한다. 앗수르의 군대가 하나님의 백성들을 위협했을 때 한 천사가 18만 5,000명을 일시에 죽였다(사 37:36, 열하 19:35). 최근에 일어난 사례의 대다수는 위험에 빠진 이들을 구하는 천사들의 활약이 담겨 있다.

여섯째, 천사들은 우리를 보호한다. 이와 비슷한 방법으로 천사들은 위험한 상황 속에서 우리를 보호한다. 친구 중 한 명은 끔찍한 교통사고를 당했지만 천사의 보호 아래 안전할 수 있었다. 경찰은 그 현장 가운데 존재할 수 없는 한 사람을 목격했다고 말했는데 친구가 탄 차 밖으로 걸어 나가더라는 것이다. 친구는 순식간에 일어난 충돌 속에서 재빨리 빠져 나올 수 있었다. 성경은 천사들이 어른뿐만 아니라 아이들을 보호하고 있다고 말한다(마 18:10, 시 34:7, 91:11-12).

일곱째, 천사들은 성도들의 죽음에 관여하기도 한다. 개인적인 경험에서부터 이러한 사실을 알게 되었는데 마이클 앤이 죽던 날 아침 그녀에게 날개가 돋아 하늘로 날아가는 그림을 보았다. 그 당시 방 안은 평안으로 가득하였다. 분명히 천사들이 그녀를 하늘 나라의 처소로 데리고 가는 것을 알 수 있었다. 시편 116편 15절을 보면 이런 구절이 있다. "성도의 죽는 것을 여호와께서 귀중히 보시는도다." 누가복음 16장 22절에서는 천사가 불쌍한 거지 나사로의 시신을 수습하여 '아브라함의 품,' 즉 하늘나라로 데리고 가는 모습을 확인할 수 있다.

여덟째, 천사들은 우리를 강인하게 한다. 겟세마네 동산에서 천사들을 예수님께서 그 임무를 다하시도록 힘을 더

하였다(눅 22:43). 이보다 먼저 천사들은 예수님께서 40일 동안 광야에서 금식하시며 연약해진 육체 가운데 힘을 불어 넣기도 하였다(마 4:11). 구약에서 다니엘은 천사를 통해 그 힘을 공급받기도 하였다(단 10:16).

아홉째, 천사들은 하나님의 치유를 가져다 준다. 왜 그토록 많은 병자들이 벳세다 연못가에서 기다리고 있었을까? 역사적으로 사람들은 천사가 동하게 한 물 속에 재빨리 들어가기만 하면 병이 낫는다는 사실을 알고 있었다(요 5:2-4). 치유의 기적이 가까이에서 일어나고 있다면 대부분 그 현장 가운데 천사들의 임재 역시 존재한다. 치유 전도사 마헤쉬 차브다 가까이에서 사역하고 있는 천사들과 여러 다른 치유의 상황 속에서 함께하고 있는 천사들을 수없이 많이 봐 왔다.

열 번째, 천사들은 하나님께 찬양과 경배를 드리는 사역을 담당하고 있다. 이 항목은 어쩌면 가장 먼저 언급되었어야 할 정도로 셀 수 없는 많은 천사들이 항상 감당하고 있는 일이기도 하다(계 5:11-12, 눅 2:14).

열한 번째, 천사들은 전쟁에 관여한다. 성도들의 입술 가운데 존재하는 '하나님을 향한 가장 높은 찬양'은 천군 천사들의 손에 들려져 있는 초자연적인 무기를 암시한다(시 14:5-8). 엘리사와 그의 사환은 천사들의 군대를 보았고(왕하 6:15-17) 창세기 32장 1-2절, 다니엘 10장 13절, 그리고 요한계시록 12장 7절에서도 천사들의 군대가 등장한다.

열두 번째, 천사들은 거룩한 파수꾼의 역할을 수행한다. 요즘처럼 하나님의 천사 파수꾼들 수가 많았던 적도 없었을 것 같다. 그들은 인류에게 일어나는 사건들을 본부에 보고하는 역할을 한다. 무엇보다 하나님을 대적하는 죄들을 목격하고 이에 대해 가장 빠른 반응을 보인다(단 4:13, 17, 행 12:23).

열세 번째, 천사들은 하나님의 심판을 가져온다. 마지막 날이 이르면 천사들은 하나님의 마지막 재판의 내용들을 이 땅과 반역자들 가운데 집행할 것이다(계 16:17). 이러한 시기에 천사들은 불순종하는 각 개인과 무리들에게 경고하러 오시기도 한다(행 12:23에서 천사가 헤롯에게 한 일을 보라). 천사들은 바로가 이스라엘 백성들을 풀어주도록 애굽가운데 죽음의 심판을 가져 오기도 했다(출 12:21-23).

열네 번째, 천사들은 수확하고 모으는 하나님의 일꾼이다. 마지막 날에 천사들은 심판을 위해 불의한 이들과 의로운 이들을 모을 것이다(마 13:39-42, 24:31). 심지어는 지금도 천사들은 우리 가운데 오셔서 마지막 추수를 돕고 계시는데 의인과 불의한 사람들을 구별하고 계신다(마 13:36-43, 계 14:6, 14-19).

이곳에 제시된 천사들의 모든 임무들은 초자연적 세계의 말할 수 없는 장엄함을 그대로 보여 주고 있다. 여러분과 내가 초자연적인 삶을 살아갈 때 우리의 동료 사역자인 천사들을 자주 만나보게 될 것이다.

열려 있는 하늘 보좌

하나님께서는 우리가 그분과 온전히 일치되길 원하신다. 우리를 향한 하나님의 계획 안에는 초자연적인 삶을 살면서 하나님의 중심 가운데 거하며 그분의 임재를 증명하는 것이 포함되어 있다. 하나님께서 알려 주셨다면 핵심에서 벗어나는 주변의 것들에서부터 떠나야만 한다.

우리 인간적인 노력들만으로는 충분하지 않다. 우리는 하늘의 도움을 받아야 할 필요가 있다. 엘리사의 종처럼 이미 우리 주변을 둘러싸고 있는 보이지 않는 도움을 볼 수 있는 영적인 눈이 열려야 한다. 그리고 증강 병력을 요청해야만 한다. 하나님께서는 자신의 보좌에서 우리를 향해 도움의 손길을 보내시며 우리가 그 도움을 받을 만한 자리에 있을 수 있도록 도우시기도 한다.

무엇보다 마지막 시대를 살아가며 하나님의 잠잠하고 세미한 음성을 들을 수 있어야 한다. 보고, 듣고, 냄새 맡고, 몸으로 느끼는 촉감을 통해 하나님 나라의 실재를 경험하는 법을 배워야만 한다. 하나님께서는 하늘 문을 여시고 이 땅 가운데 임하길 원하신다. 막혀 있던 장막이 서서히 열리고 생생한 방법으로 하나님께서 스스로를 보이실 때 '열려 있는 하늘'에 대해 사람들이 말하는 것을 듣게 될 것이다.

하나님은 창조주이시다. 여러분과 내가 속해 있는 하나님의 나라에 속한 것들을 만드신 하나님께서 자신의 나라를 열어두신 것이다. 하나님께 응답하라. 그리고 서로를 권면하여 계속해서 하나님께 반응하도록 하라. 하나님께서 우리를 도우신다.

되돌아보기

초자연적인 삶은 하나님께서 말씀하시는 것을 깨닫기 위해 더욱 더 강화된 영적인 감각들을 사용할 수 있는 능력을 수반한다. 초자연적 삶은 광대하며 우리는 단지 기도와 천사의 도움을 통해 하나님의 뜻이 실현되는 것을 눈으로 확인하며 초자연의 단편들을 엿보는 것뿐이다.

1. 여러분은 스스로가 하나님의 음성을 들을 수 있다고 생각하는가? 그렇다면 그 이유는 무엇이며 그렇지 않다면 그 이유는 무엇인가?

2. 여러분 개인적 경험 가운데 실제로 천사를 어떻게 만났는가?

3. 이번 장을 읽으면서 특별한 방법으로 여러분의 관심을 환기했던 것은 무엇인가? 만약 하나님께 더 배우고 그분의 음성을 더 가까이에서 들으며 특정한 행동을 취하기 위해 새롭게 결심한 것이 있다면 무엇인가?

4부

모든 것이
가능하다

인생을 살아가면서 여러 어려움을 직면하게 된다. 힘겨운 상황들을 직면하다보면 사람들이 만들어 둔 각종 피난처로 숨어들어 가려는 경향을 발견하게 된다.

그리고 이런 상황 아래 할 수 있는 최선을 다하려 한다. 하지만 밥 뭄포드는 이렇게 말하곤 한다. "거기서 도대체 무얼 하고 있죠?" 우리 스스로 무언가를 해보려 할 때 문제 상황 위에 있지 못하고 그 아래 갇혀 있게 된다.

우리의 한정된 사고방식으로 상황을 평가하게 되면 하나님의 긍휼을 나타내는 증거들을 보지 못하게 되고 풍성한 믿음 가운데 걸어갈 수 없게 된다. 아직 병고침을 받지 못한 아들의 아버지가 이렇게 외친다.

"주님, 저의 믿음 없음을 도와 주소서"(막 9:24).

하나님께서는 모든 방법을 동원해 우리를 도와주실 수 있으며 돕고자 하시는 강력한 의지도 있으시다. 우리를 사랑하시기 때문이다. 문제 투성이인 이 세상에서 우리를 끄집어 내어 그분께서 거하시는 처소로 데려가는 대신 우리의 상황을 극복하고 이 땅에서 꿋꿋하게 살아갈 수 있도록 모든 것을 공급하시는 길을 택한 것이다.

예수님께서 제자들에게 하신 말씀은 우리에게도 그대로 적용된다. 우리가 초자연적 삶을 살게 되면 "하나님과 함께할 때 불가능이 없다"는 사실을 깨닫게 될 것이다(마 19:26).

10장

포로를 자유케 하신다

이미 앞에서 언급했다시피 우리는 초자연적 전투 가운데 태어난 사람들이다. 이제 막 거듭난 성도일지라도 적을 대면하기 시작했다. 이제 여러분에게 도움이 절실하다는 사실을 깨닫기 시작할 것이다. 성경을 읽고 기도를 하며 여러 해를 거쳐 전투에 참가했던 용사들의 조언을 들어야 한다. 그리고 전쟁의 주변 상황에 대해 배우기 시작한다.

우리의 영적인 생활에 기복이 있기는 하지만 이제 우리는 성령님의 도움으로 하늘에 속하게 되었으며 하늘의 갑옷을 입는 법을 배우며 무장하고 있다(엡 6:12-13). 아래를 내려다 보면 평안의 복음으로 예비한 신을 신고 있다는 사실을 알게 될 것이다. 그리고 우리의 머리는 구원의 투구로 단단히 무장하였다. 진리의 허리띠와 의의 흉배를 붙이고 한 손에는 믿음의 방패를 들고 또 다른 손에는 하나님의 말씀인 성령의 검을 쥐고 있다.

우리의 갑옷은 방어와 공격 모두를 위해 꼭 필요하다. 갑옷은 원수들의 공격에서부터 우리를 보호해 주며 항복하지 않고 끝까지 원수들과 맞설 수 있도록 강인하게 만들어 준다. 그리고 우리의 사령관이 지시하는 전투 작전대로 공격을 감행할 수 있도록 도와준다. 우리의 갑옷은 초자연적인 보호를 제공할 뿐만 아니라 하나님의 나라로부터 우리에게 주어진 역할을 감당할 수 있도록 해 준다.

위에 열거한 무기들은 어느 것 하나라도 우리의 일상적인 삶과 동떨어지면 그 위력을 발휘하지 못한다. 영적으로 무장한 상태야말로 우리의 평범한 삶이며 자연적으로 초자연적인 것이다. 스물네 시간 동안 여러분이 하는 일에 대해 사람들이 어떻게 생각하고 있든 상관 없이 여러분은 교회라 불리는 군대 안에서 군사로 복무하고 있는 것이다. 사병으로서 부름받은 것이다.

나는 이미 초자연적 삶에 대해 나름대로의 정리된 견해를 가지고 있다. 새로운 지경으로 그 영역을 넓혀 가면서 내가 서 있는 땅을 지키기 위해 초자연적인 도움을 더 많이 필요로 한다는 믿음을 가지게 된 것이다. 이러한 견해를 가지게 된 이유는 10년 전보다 내 머리에 남아 있는 머리카락의 수가 더 줄어들었기 때문이다. 그 만큼 하늘 나라로 갈 시간이 점점 더 가까워졌다는 의미가 아닐까. 여러분이 서 있는 곳에서 승리를 유지하는 것에 대해 여러분도 같은 의견을 가지고 있으리라 생각된다. 우리가 가지고 있는 것을 지키는 것이 우리가 성취하고자 하는 것이다. 우리의 진실성, 그리고 경계선, 하나님을 사랑하고 그분의 목적에 따라 살아가기 위해 부름받은 이들을 위해 모든 것이 합력하여 선을 이루리라는 믿음을 지키는 것 말이다(롬 8:28).

물론 쟁기를 들고 앞으로 나아가 새로운 영토를 기경해야 하는 시기들이 존재한다. 이 시기들을 혼자서 감당할 수는 없을 것이다. 다른 사람들과 협력할 때 가장 공격적인 힘이 발생한다. 여러분의 갑옷은 등 뒤를 감쌀 수 없기 때문에 만약 홀로 싸우게 될 경우 모든 힘을 소진할 것이다. 우리에게는 서로가 필요하다(전 4:9-12). 아주 현실적인 방법으로 우리는 영적 전쟁에서 서로를 위험에서 지켜 주게 될 것이다.

우리가 가진 초자연적 무기들은 세상의 것과 다르다.

우리가 육체에 있어 행하나 육체대로 싸우지 아니하노니 우리의 싸우는 병기는 육체에 속한 것이 아니요 오직 하나님 앞에서 견고한 진을 파하는 강력이라(고후 10:3-4).

초자연적 삶의 아름다운 부분은 거룩하지 않은 견고한 진을 파할 수 있다는 데 있다. 그리고 우리의 진실한 진인 예수 그리스도께서 초강력 방어벽이 되어 주셔서 소망의 불빛을 밝혀 주신다(시 9:9, 18:2, 27:1, 37:39, 43:2, 52:7, 144:2).

강한 자

우리는 견고한 진들을 무너뜨리고 강탈할 수 있다. 가장 먼저 해야 할 일은 그곳을 지키고 있는 강한 자를 제압하는 것이다. 예수님께서 이미 '강한 자'에 대해 언급하신 적이 있다. "사람이 먼저 강한 자를 결박하지 않고야 어떻게 그 강한 자의 집에 들어가 그 세간을 늑탈하겠느냐 결박한 후에야 그 집을 늑탈하리라"(마 12:29).

여기서 강한 자란 악한 기운이다. 피터 와그너는 이 용어가 특별히 바알세불, 즉 어떤 영역에 대해 권한을 행사하는 가장 높은 지위의 악의 영이라고 여긴다. 강한 자는 구원받지 못한 사람들을 사로잡아 가두어 자신의 정복 상태를 유지하려 든다.

강한 자는 그야말로 강하다. 하지만 그보다 더 강한 이가 있다. 바로 예수 그리스도이시다. 예수님께서는 성령님의 능력으로 자신의 사명을 이루어 가신다. 바알세불의 힘을 빌어 귀신을 내어 쫓는다고 사람들이 모함을 했을 때 예수님께서는 귀신을 제어할 능력은 성령으로 말미암았다고 말씀하셨다.

> 그러나 내가 만일 하나님의 손을 힘입어 귀신을 쫓아내는 것이면 하나님의 나라가 이미 너희에게 임하였느니라. 강한

자가 무장을 하고 자기 집을 지킬 때에는 그 소유가 안전하되 더 강한 자가 와서 저를 이길 때에는 저의 믿던 무장을 빼앗고 저의 재물을 나누느니라(눅 11:20-22).

여기서 하나님의 손은 바로 성령님을 의미한다고 할 수 있다. 특별히 이에 대해 동일한 언급이 되어 있는 마태복음 12장 28절에서 예수님께서는 "내가 하나님의 성령을 힘입어 귀신을 쫓아내는 것이면…"이라고 말씀하고 계신다.

진실은 이러하다. "너희 안에 계신 이가 세상에 있는 이보다 크심이라"(요일 4:4). 복음서에서 나타나 있듯이 하나님의 손이 예수님을 통해 그 능력을 발휘하셨듯이 오늘날 우리를 통해서도 성령님은 어떠한 강한 자도 제압할 수 있는 강력한 힘을 가지고 계신다. 하나님의 성령님은 항상 하나님 나라 안에 속한 것들을 어떻게 가져올지를 궁리하신다. 성령님은 초자연적으로 멍에를 매는 일 가운데 함께하는 성도들을 통해 일하신다.

원수의 침입 경로 발견하기

원수의 강한 진을 파하기 위해서는 먼저 그가 침입하는 통로를 발견해야 한다. 원수가 합법적으로 어떤 개인이

나, 무리의 사람들 혹은 지역 가운데 들어오게 만드는 요인은 무엇이었을까? 악한 영들은 허락 없이는 영향력을 행사할 그 어떤 권세도 가지고 있지 않다. 이 땅에서 공중 권세잡은 자에게 합법적인 권한을 갖게 만드는 조건들이 존재하고 있는데 하나님의 뜻과 인류의 행복을 앗아가려 갖은 방법을 사용하고 있다. 그렇다면 어떤 조건들이 각 개인과 사람들, 그리고 그 지역 가운데 악한 영이 침입하게 만드는지 살펴보자.

첫째, 싸움, 분노, 미움, 저주와 용서하지 못하는 것들이다. 성경은 "누구든지 악을 선으로 갚으면 악이 그 집을 떠나지 아니하리라(잠 17:13, 벧전 3:9)."고 말하고 있다. 다른 사람들을 용서해야 하며(마 18:21-35) 깨끗한 마음으로 주님의 식탁에 동참해야 한다(고전 11:27-30). 그리고 절대 권세를 가진 이들과 이에 합당한 관계를 맺어야 한다(롬 13:1-2).

둘째, 마법이다. 성경은 오늘날 많은 이들을 통해 행해지는 점이나 주술 등을 포함한 마법이야말로 악한 기운이 들어 오게 하는 통로라고 분명히 말하고 있다(신 18:10-12).

셋째, 술과 마약들과 같은 약물의 남용이다. 약물 남용은 마법보다 훨씬 즐거운 유혹거리이다. 성경에서는 '주술사'를 식물성 의약이나 마약, 혹은 독약을 뜻하는 헬라어 파마콘(pharmakon)에서 유래한 파마케우스(pharmakeus, pharmakos)라고 기록해 두었다(계 21:8, 22:15).

넷째, 간통, 남색, 변태 등 성적인 죄와 관련되어 있다. 모든 성적인 죄들은 하나님께서 허락하신 성을 왜곡해서 다루는 데서부터 기인한다. 개인적으로나 문화적으로, 심지어는 교회에서까지 성적인 죄들을 통해 원수들에게 그 문을 열어 주고 있다(레 18장, 20장, 신 23:17, 롬 1:2-28).

다섯째, 학교와 공적인 공간에서 기도와 성경을 금하는 것이다. 학교들과 공적인 장소에서 우리의 하나님을 제한했을 때 세속적인 인본주의가 그 자리를 대신했다. 인류는 하나님의 위치를 그저 문제를 해결하는 곳에나 버려두고 자기 스스로를 하나님으로 삼았다.

여섯째, 살인과 무고한 피를 흘리는 것이다. 전쟁과 폭력적인 범죄뿐만 아니라 낙태를 승인하면서 미국에서는 1973년 이후로 50만 명이 넘는 아기들을 법적으로 살해하고 있다.

일곱째, 이방 종교를 위한 건물들이다. 고대 마귀를 섬기거나 주술을 행하던 '신전'뿐만 아니라(왕하 17:11, 시 78:58, 렘 19:5, 32:35) 프리메이슨과 특별한 해를 입히는 것으로 보이지 않는 이방 종교들을 위한 신전까지도 다 이에 포함된다.

여덟째, 우상숭배이다. 우상숭배란 하나님을 제외한 그 어떤 물건이나 존재를 숭배하는 것이다. 사람은 자신이 섬기는 것이 무엇이든 그것의 노예가 된다(고전 10:19-20).

바로 이와 같은 것들이 '원수가 침입하는 경로'이다. 죄를 통해 원수가 들어오는 문은 활짝 열리며 그곳에 견고한 진이 형성되는 것이다. 그래서 우리가 사로 잡혀 있는 견고한 진을 파괴하기 위해 초자연적 삶을 통해 이러한 상황들과 계속해서 씨름해야 한다. 개인적으로 죄를 회개하는 곳마다 견고한 진은 무너져 내린다. 만약 도움이 필요하다면 요청하라. 초자연적 삶은 자유가 임했음을 나타내는 표징이기도 하다. 성령님께서는 우리가 강한 자를 상대하여 승리를 얻을 수 있도록 도우신다. 성령님은 그 어느 존재보다 가장 강한 분이시다.

개인적 싸움을 위한 전략

초자연적 삶 가운데 영적 전쟁은 매일 일어나는 것이다. 그런데 우리 각자가 순종하며 평안을 누리며 살아가는 순간 이러한 싸움은 포성 없이 조용히 지나간다.

너희 순종함이 모든 사람에게 들리는지라 그러므로 내가 너

희를 인하여 기뻐하노니 너희가 선한데 지혜롭고 악한데 미련하기를 원하노라. 평강의 하나님께서 속히 사탄을 너희 발 아래서 상하게 하시리라(롬 16:19-20).

하나님께 순종하는 삶은 가장 전략의 기초석이다. 그러므로 가장 기본적인 대처는 "하나님께 순복할지어다. 마귀를 대적하라. 그리하면 너희를 피하리라"(약 4:7, 벧전 5:5-8)라는 말씀에 그대로 담겨 있다.

우리가 원수들이 제안하는 죄악에 항거할 때 성령의 검인 하나님의 말씀을 사용하게 될 것이다(엡 6:17). 바로 이것이 예수님께서 광야에서 마귀에게 시험을 당하셨을 때 사용하신 방법이다(눅 4:1-13). 말씀을 소리내어 외칠 때 말씀의 검은 그 능력을 발휘한다. 그리고 말씀을 암송하고 소리 내어 읽거나 각자의 상황 속에서 진리를 선포하는 방법들을 사용할 수 있다. 하나님의 전신갑주를 취할 때 반드시 여러분의 검을 사용할 수 있어야 한다. 성령님께서 대신 무언가를 해주시리라 기대하지 말라. 그분은 무기를 공급하시고 이를 관리하시는 분이다. 여러분이 무기를 쥐고 직접 사용해야 한다.

예수님께서는 믿는 자들을 구별할 수 있는 표적으로 귀신을 내어 쫓는 권세에 대해 말씀하신 적이 있다(막 16:17). 성령님께서 여러분 대신 귀신을 내어 쫓으시는 게 아니다. 그분은 우리가 무엇을 해야 할지 도와주신다. 그리고 믿음으로 그 상황 속으로 들어가 입을 열어 말씀을 선포하는 것은 우리의 몫이다.

원수들의 무장해제

영적 전쟁의 전략을 세울 때 성령 충만한 모든 성도들이 그 기준점이 된다. 여러분이 이러한 전략들을 초자연적인 삶의 일부로 만들 수 있는 방법을 배워 갈 때 성공적인 전략 기술들을 수없이 많이 발견할 수 있을 것이다. 이러한 전략 기술들이 곧 초자연적 삶을 뒷받침해 줄 것이다. 그리고 강한 자를 무장해제시키고 여러분에게 승리를 안겨 줄 것이다. 지금부터 우리 삶의 원수들을 무장해제시킬 수 있는 구체적인 방법들을 열거해 보도록 하겠다.

우리의 죄를 고백하고 다른 사람들의 죄를 가려내는 것(요일 1:9)
우리 생각 속에 거하는 거짓의 견고한 진을 무너뜨리는 것(고후 10:3-5)
우리의 혀를 길들이는 것(약 2:19, 3:1-10)
사랑하며 사는 것, 삶의 목표가 사랑이 되는 것(고전 13:1-8, 약 3:13-18)

교만을 제거하고 스스로를 낮추는 것(빌 2:1-8, 벧전 5:6, 약 4:6)

절제력을 훈련하며 믿음의 열매를 맺는 것(갈 5:22)

다른 이들에게 자신의 죄를 고백하는 것(약 5:16)

항상 빠른 시간 안에 용서하는 것(막 11:25)

빛 가운데 거하는 것(요일 1:5-7)

두려움과 걱정을 물리치는 것(딤후 1:7, 마 6:25-26)

폐쇄적인 삶과 자기 연민의 삶에서 떠나는 것(히 10:23-25)

정욕에서 벗어나는 것(딤후 2:22, 잠언 5장)

어리석은 논쟁을 피하는 것(딤후 2:23-26)

식욕을 통제하는 것(롬 12:1, 빌 3:17-19)

선으로 악을 이기는 것(롬 12:20-21)

원수들이 설 땅을 허락하지 않는 것(요 14:30)

이러한 의도적인 행위들을 통해 우리를 대적하는 원수들의 무장을 해제시킬 수 있다. 예를 들어 우리가 폐쇄적인 생활을 청산하면 새로운 유대관계를 형성할 수 있게 된다. 교제는 우리에게 선한 영향력을 미친다. 그리고 자기 연민을 물리치게 한다. 믿음의 친구들은 진리를 잊지 않도록 도와줄 것이며 사랑을 줄 것이다. 우리의 상하고 깨어진 감정과 영혼을 되찾는 가장 좋은 방법은 무엇일까? 바로 홀로 지내는 것을 피하는 것이다. 원수들이 쏘는

좌절감을 떨쳐 버리려면 그들의 부정적인 말들을 잠잠하게 하는 것이다.

하나님의 전신갑주를 취하라

원수들을 무장해제시킬 때 여러분의 갑옷이 안전한지 살피라.

진리의 허리띠가 그 자리에 단단히 고정되어 있는지 확인하라. "아버지의 말씀은 진리니이다"(요 17:17). 그리고 평안의 '심장 박동'을 유지하라(빌 4:6-7, 벧전 5:7). 하나님의 뜻에 따라 거하고 있다면 여러분에게 평안이 임할 것이다. 여러분이 머리에 쓰고 있는 투구처럼 소망을 향해 달리며 상황을 재정비하라(살전 5:8). '항상 두렵고 떨림으로 우리의 구원을 이루어'가야 한다(빌 2:12).

의로움으로 온전히 옷 입었는지 성령의 거울을 들여다보라. 이 옷은 예수님께서 우리에게 입혀 주신 것이다. 우리의 완전함과 노력으로 만들어낸 옷이 아니다(마 5:6). 빛 가운데 서 있을 때 스스로에게 물어보라. "내가 믿음으로 살고 있는가?" 그렇지 못할 때가 얼마나 많은가? 믿음은 기경되어야 하는 것이며 개발되어야 하고 훈련을 통해 키워 나가야 하는 것이다. 믿음은 문화다. 믿음은 성령님과 은사의 열매이기도 하다. 우리의 믿음은 곧 영적 건강의 척도이다(막 11:22, 롬 10:17, 12:2).

여러분은 믿음 가운데 서 있는가? 바울은 에베소 교인들에게 말한다.

> 그러므로 하나님의 전신갑주를 취하라. 이는 악한 날에 너희가 능히 대적하고 모든 일을 행한 후에 서기 위함이라(엡 6:13).

무기에 대한 지식

여러분이 다루어야 할 특수 무기들이 제대로 갖추어져 있는지 살펴보라. 우리는 하나님의 군대에 편성되어 무기들을 소지하게 되었다. 이 무기들을 잊거나 무시해선 안 된다. 그 가운데 하나를 꺼내어 사용하게 될 때가 곧 다가온다. 공격할 무기로서 말씀의 검을 가졌지만 이보다 더한 무기 역시 소지하고 있다.

첫째, 성령의 검이다. "하나님의 말씀은 살았고 운동력이 있어 좌우에 날선 어떤 검보다도 예리하여 혼과 영과 및 관절과 골수를 찔러 쪼개기까지 하며 또 마음의 생각과 뜻을 감찰하나니(히 4:12)."

둘째, 예수님의 이름이다. "이러므로 하나님이 그를 지극히 높여 모든 이름 위에 뛰어난 이름을 주사 하늘에 있는 자들과 땅에 있는 자들과 땅 아래 있는 자들로 모든 무릎을 예수의 이름에 꿇게 하시고 모든 입으로 예수 그리스도를 주라 시인하여 하나님 아버지께 영광을 돌리게 하셨느니라(빌 2:9-11)."

셋째, 예수님의 보혈이다. 성만찬은 어두움을 몰아내고 "다 이루었다"는 예수님의 선포를 이끌어 내는 위대한 무기 중 하나이다. 히브리서 9장에서는 예수님의 보혈이 가진 의미심장한 능력에 대해 기술하고 있다. "율법을 좇아 거의 모든 물건이 피로써 정결케 되나니 피 흘림이 없은 즉 사함이 없느니라"(히 9:22).

넷째, 하나님 나라의 열쇠이다. 예수님께서 말씀하셨다. "내가 천국 열쇠를 네게 주리니 네가 땅에서 무엇이든지 매면 하늘에서도 매일 것이요 네가 땅에서 무엇이든지 풀면 하늘에서도 풀리리라"(마 16:19, 18:18).

다섯째, 용서가 가진 능력이다. 예수님께서 용서받지 못한 종의 이야기를 들려 주면서 마지막에 다음과 같이 덧붙이셨다. "너희가 각각 중심으로 형제를 용서하지 아니하면 내 천부께서도 너희에게 이와 같이 하시리라"(마 18:35).

여섯째, 성령의 은사들이다. "각 사람에게 성령의 나타남을 주심은 유익하게 하려 하심이라. 어떤 이에게는 성령으로 말미암아 지혜의 말씀을, 어떤 이에게는 같은 성령을 따라 지식의 말씀을, 다른 이에게는 같은 성령으로 믿음을, 어떤 이에게는 한 성령으로 병 고치는 은사를, 어떤 이에게는 능력 행함을, 어떤 이에게는 예언함을, 어떤 이에게는 영들 분별함을, 다른 이에게는 각종 방언 말함을, 어떤 이에게는 방언들 통역함을 주시나니"(고전 12:7-10).

일곱째, 기도이다. 예수님의 말씀이다. "구하라 그러면 너희에게 주실 것이요 찾으라 그러면 찾을 것이요 문을 두드리라 그러면 너희에게 열릴 것이니"(마 7:7).

여덟째, 방언으로 기도하는 것이다. "이와같이 성령도 우리 연약함을 도우시나니 우리가 마땅히 빌 바를 알지 못하나 오직 성령이 말할 수 없는 탄식으로 우리를 위하여 친히 간구하시느니라. 마음을 감찰하시는 이가 성령의 생각을 아시나니 이는 성령이 하나님의 뜻대로 성도를 위하여 간구하심이니라"(롬 8:26-27).

아홉째, 천사들이다. "화가 네게 미치지 못하며 재앙이 네 장막에 가까이 오지 못하리니 저가 너를 위하여 그 사자들을 명하사 네 모든 길에 너를 지키게 하심이라. 저희가 그 손으로 너를 붙들어 발이 돌에 부딪히지 않게 하리로다"(시 91:10-12).

열 번째, 찬양이다. "성도들은 영광 중에 즐거워하며 저희 침상에서 기쁨으로 노래할지어다. 그 입에는 하나님의 존영이요 그 수중에는 두 날 가진 칼이로다. 이것으로 열방에 보수하며 민족들을 벌하며 저희 왕들은 사슬로 저희 귀인은 철고랑으로 결박하고 기록한 판단대로 저희에게 시행할지로다. 이런 영광은 그 모든 성도에게 있도다. 할렐루야"(시 149:5-9).

열한 번째, 경배하는 것이다. "이에 예수께서 말씀하시되 '사탄아 물러가라. 기록되었으되 "주 너의 하나님께 경배하고 다만 그를 섬기라" 하였느니라'"(마 4:10). "그러므로 우리가 진동치 못할 나라를 받았은즉 은혜를 받자. 이로 말미암아 경건함과 두려움으로 하나님을 기쁘시게 섬길지니"(히 12:28).

열두 번째, 금식이다. 예수님의 제자들이 귀신들린 소년을 자유케 하고자 했을 때 예수님께 말씀하셨다. "기도와 금식 외에는 이런 류가 나갈 수 없느니라"(마 17:21). 금식은 우리를 겸손하게 하기 때문에 무기가 될 수 있다(욜 2:12).

열세 번째, 영분별이다. "각 사람에게 성령의 나타남을 주심은 유익하게 하려 하심이라. 어떤 이에게는 성령으로 말미암아 지혜의 말씀을 어떤 이에게는 같은 성령을 따라 지식의 말씀을…어떤 이에게는 능력 행함을 어떤 이에게는 예언함을 어떤 이에게는 영들 분별함을 다른 이에게는 각종 방언 말함을 어떤 이에게는 방언들 통역함을 주시나니"(고전 12:7-8, 10).

열네 번째, 합심이다. "진실로 다시 너희에게 이르노니 너희 중에 두 사람이 땅에서 합심하여 무엇이든지 구하면 하늘에 계신 내 아버지께서 저희를 위하여 이루게 하시리라"(마 18:19).

열다섯 번째, 명령이다. 예를 들면 다음과 같은 것이다. "사탄아, 내 뒤로 물러가라"(마 16:23).

열여섯 번째, 성도들의 연합이다. 앞서 언급했듯이 그리스도의 몸은 그 자체로 영적 전쟁의 무기이다. 서로 사랑하고 도우며 보호하고 힘을 더하여 주는 것만으로도 큰 위력을 발휘하는 것이다. "저희가 사도의 가르침을 받아 서로 교제하며 떡을 떼며 기도하기를 전혀 힘쓰니라"(행 2:42).

열일곱 번째, 겸손이다. "다 서로 겸손으로 허리를 동이라. 하나님이 교만한 자를 대적하시되 겸손한 자들에게는 은혜를 주시느니라"(벧전 5:5).

열여덟 번째, 믿음의 은사이다. "기록한 바 내가 믿는 고로 말하였다 한 것 같이 우리가 같은 믿음의 마음을 가졌으니 우리도 믿는 고로 또한 말하노라"(고후 4:13).

열아홉 번째, 은혜이다. "'이는 힘으로 되지 아니하며 능으로 되지 아니하고 오직 나의 신으로 되느니라. 큰 산아 네가 무엇이냐 네가 스룹바벨 앞에서 평지가 되리라.' 그가 머릿돌을 내어 놓을 때에 무리가 외치기를 '은총, 은총

이 그에게 있을지어다' 하리라 하셨고"(스가랴 4:6-7).

스무 번째, 주님 자신이시다. "그런즉 이 일에 대하여 우리가 무슨 말 하리요. 만일 하나님이 우리를 위하시면 누가 우리를 대적하리요…누가 우리를 그리스도의 사랑에서 끊으리요. 환난이나 곤고나 핍박이나 기근이나 적신이나 위험이나 칼이랴…그러나 이 모든 일에 우리를 사랑하시는 이로 말미암아 우리가 넉넉히 이기느니라. 내가 확신하노니 사망이나 생명이나 천사들이나 권세자들이나 현재 일이나 장래 일이나 능력이나 높음이나 깊음이나 다른 아무 피조물이라도 우리를 우리 주 그리스도 예수 안에 있는 하나님의 사랑에서 끊을 수 없으리라"(롬 8:31, 35, 37-39).

스물한 번째, 하나님의 임재이다. 언젠가 예배를 드리는데 성령님께서 오셔서 말씀하셨다. "내가 너에게 영적 전쟁의 가장 큰 무기를 사용하는 법을 알려 주겠다. 바로 위대한 임재이다. 하나님은 영적 전쟁에 있어 최상급 무기이시다." "여호와께서 가라사대 '내가 친히 가리라. 내가 너로 편케 하리라'"(출 33:14).

성령님께서는 자신이 나누어 주신 모든 무기의 사용법을 가르쳐 주실 것이다. 그래서 어둠의 세력에 대항하여 굳건히 서 있을 수 있도록 하실 것이다. 초자연적인 일상의 삶이 가능할 때마다 성령님께서는 원수들의 공격에도 견딜 수 있도록 도우실 뿐만 아니라 그들의 무장을 해제시킬 수 있도록 하신다. 여러분 자신이 먼저 놓임과 해방을 맛볼 수 있다. 그리고 포로된 자들을 놓아주고, 저주를 끊으며 불경건한 신념들을 바꾸고 세대마다 전승되어 내려오는 반복되는 죄악들을 해결할 수 있을 것이다.

되돌아보기

하나님과 함께 초자연적 삶을 누릴 수 있게 되었다는 사실만큼 좋은 소식이 있겠는가? 하지만 이와함께 우리를 멸망시키려는 원수들 역시 도사리고 있다(요 10:10). 가장 좋은 소식은 바로 이것이다. "자녀들아 너희는 하나님께 속하였고 또 저희를 이기었나니 이는 너희 안에 계신 이가 세상에 있는 이보다 크심이라"(요일 4:4).

우리에게는 개인적인 원수뿐만 아니라 항상 모든 것을 다 알고 계시는 주님께서 함께하고 계신다. 그래서 여러분의 상황에 딱 맞는 전략을 가르쳐 주신다. 하나님 나라의 원리들을 배워 나갈 때 교회라고 불리는 주님의 군대 안에 거하게 될 것이다.

예수님께서 교회를 세우실 때 음부의 권세가 이를 흔들지 못할 것이라고 약속하셨다(마 16:18). 그리고 우리에게 전투에 참가할 것을 명하신다. "우리의 씨름은 혈과 육에 대한 것이 아니요 정사와 권세와 이 어두움의 세상 주관자들과 하늘에 있는 악의 영들에게 대함이라"(엡 6:12). 여러분의 삶을 통해 하나님께서 계획하신 것이 있다면 인간의 몸으로 오셔서 다 이루신 예수님을 돕기 위해 할 수 있는 일들을 주신 것이다. 그리고 이 일들은 바로 마귀의 일을 멸하는 것이며(요일 3:8) 포로된 자들을 자유케 하는 것이다(엡 4:8, 골로새서 2:15).

1. 영적 전쟁을 개인적으로 경험했다면 그 경험은 어떠했는가?

2. 그리스도의 몸인 교회에서 어떻게 다른 사람들과 함께 연합하는가? 이 연합을 더 든든히 할 수 있는 방법은 무엇인가?

3. 이번 장에서 여러분의 영혼을 강하게 뒤흔드는 부분은 무엇인가? 지금 바로 기도의 시간을 가지고 성령님 안에서 더욱 더 강인해지기를 간구하라.

11장

자녀의 떡

초자연적 삶을 누릴 수 있는 특권을 받았다는 사실에 감사하지 않을 수 없다. 세속적인 삶에 휩쓸려 살지 않고 이 땅에서 하늘의 것을 맛볼 수 있게 되었다는 사실이 기쁘지 않은가?

도대체 하늘 나라는 무엇과 같을까? 하늘 나라에 대한 한 가지 분명한 사실은 그곳엔 고통과 슬픔, 죽음과 질병이 없다는 것이다.

> 모든 눈물을 그 눈에서 씻기시매 다시 사망이 없고 애통하는 것이나 곡하는 것이나 아픈 것이 다시 있지 아니하리니 처음 것들이 다 지나갔음이러라(계 21:4).

그러므로 하늘로 올라가기 전에 그곳을 맛볼 수 있는 한 가지는 바로 치유이다. 질병이든 어떠한 상태이든 이 땅에서 치유를 경험할 수 있다.

이번 장을 '자녀들의 떡'이라 명명한 이유는 다음의 이야기 때문이다. 그리고 여기에서 '치유'에 대한 그림을 살필 수 있다.

> 여자가 와서 예수께 절하며 가로되 "주여 저를 도우소서."
> 대답하여 가라사대 "자녀의 떡을 취하여 개들에게 던짐이 마
> 땅치 아니하니라." 여자가 가로되 "주여 옳소이다마는 개들
> 도 제 주인의 상에서 떨어지는 부스러기를 먹나이다" 하니
> 이에 예수께서 대답하여 가라사대 "여자야 네 믿음이 크도
> 다. 네 소원대로 되리라" 하시니 그 시로부터 그의 딸이 나
> 으니라(마 15:25-28).

하나님 앞에서 무릎 꿇고 경배와 애원을 올려 드릴 때 예수님께서 우리 인생 가운데 치유를 가져다 주신다. 하나님께서는 우리를 초청하셔서 간구하게 하시고 우리의 노력을 허사로 만드시지 않는다. "믿음이 없이는 기쁘시게 못하나니 하나님께 나아가는 자는 반드시 그가 계신 것과 또한 그가 자기를 찾는 자들에게 상 주시는 이심을 믿어야 할지니라"(히 11:6).

교회사 속에 등장하는 치유의 역사

기독교 역사를 살펴보면 하나님의 치유 역사를 이 땅 가운데 가져왔던 남자들과 여자들을 통해 병든 자들이 고

침을 받게 되었던 사실을 발견할 수 있다.

초대 교회의 처음 100여 년 동안은 사도들의 시대로 알려져 있다. 그리고 치유는 일반적인 현상이었다. 초대 교부이자 신학자였던 이레니우스(Irenaeus, A.D. 125-202)는 다음과 같이 기록했다.

> 어떤 이들은 분명하게 그리고 진리로 마귀들을 제어하여 악한 영으로부터 씻김을 받고 그리스도를 믿어 교회 안으로 사람들이 들어 올 수 있게 한다. 그리고 또 어떤 이들은 앞으로 다가올 것에 대해 미리 알고 환상을 보며 비상한 예언적 표현들을 하기도 한다. 그리고 또 어떤 이들은 여전히 손을 얹어 병자들을 고쳐 온전케 하기도 한다. 무엇보다 죽은 사람들이 살아나고 오랫동안 그 생을 다하기도 했다.[1]

이레니우스의 글을 읽어보면 당시 기독교인들은 초자연적인 삶을 너무나 자연스럽게 받아들이고 있었다는 점을 발견할 수 있다. 하지만 1세기에 일어났던 엄청난 초자연적 능력들 이후에 시대를 거듭하면서 치유와 다른 기적들은 사장되었고 많은 무리의 성도들은 더 이상 하나님의 치유의 능력과 같은 일들을 경험할 수 없게 되었다.

---

[1] 이레니우스, '이단에 대항하여(Against Heresies)'

소위 중단론자들(Cessationist)의 가르침은 치유의 은사 가운데 있는 믿음을 마비시켰다. 그들은 예수님의 모든 행위의 능력과 성령의 은사들은 마지막 사도가 죽고 성경의 마지막 책이 완성되면서 중단되었다고 주장한다. 이제 우리는 더 이상 성령님이 허락하시는 기적적인 은사들이 필요치 않다는 것이다. 왜냐하면 우리 안에는 하나님의 충만한 말씀이 이미 성경에 기록되어 계시되었기 때문이라는 것이다. 하지만 성경에서는 여전히 이렇게 말하고 있다. "내가 진실로 진실로 너희에게 이르노니 나를 믿는 자는 나의 하는 일을 저도 할 것이요 또한 이보다 큰 것도 하리니 이는 내가 아버지께로 감이니라"(요 14:12).

불 가운데서 사람을 보다

개인적으로 초자연적 삶을 살아 가며 경험했던 일 한 가지를 나누어 보려 한다. 치료자이신 예수님에 대한 환상을 통해 치유의 경험이 일어나는 현장 가운데 있던 이야기이다.

한때 개인적으로 무척 힘든 시간을 보내야만 했다. 비호지킨 림프종(non-Hodgikin's lymphoma, 악성종양)이라는 병을 진단받은 것이 있는데 이는 암의 일종이다. 그런데 병에 걸린 사실을 알기도 전에 성령님께서는 10월이 되면 놀라운 일을 경험하게 될 것이라고 말씀하셨고 그래서 스케줄을 비워 둔 상태였다. 그리고 8월이 되어 암들이 자라나고 있다는 사실을 발견했다. 나는 곧장 치유를 위해 기도하던 이들의 지원과 함께 방사선 항암 치료에 들어갔다.

10월이 되어 아프리카 출신의 신사가 사는 곳을 방문했다. 그는 롤랜드와 하이디 베이커와 함께 아이리시 사역(Irish Ministry)을 하고 있었는데 기도를 통해 치유와 기적, 그리고 죽은 사람을 살리는 은사를 가지고 있었다. 또한 자신이 한 번도 배우지 못한 언어로 설교할 수 있는 능력도 가지고 있었는데 그 어느 누구도 복음을 전하지 못한 곳에서 그곳 언어로 말씀을 전할 수 있는 방언의 은사를 가지고 있었다. 그의 이름은 영어로 서프레사(Supresa)였고 이는 놀라움을 의미하는 영어단어 '서프라이즈(Surpise)'와 그 발음이 비슷했다.

서프레사 목사는 기도하기 위해 나를 찾아 왔는데 그저 하나님의 사명을 완수하는 믿음의 사람이었고 그의 기도는 전혀 복잡하지 않았다. 처음에는 아무런 일도 일어나지 않았다. 그런데 조금 후 무언가가 몸 속에서 돌아가면서 모든 순환계를 거쳐 가는 느낌이 들기 시작했다. 계속해서 그것이 움직이다가 결국 멈추었다. 내 몸의 어느 부위에 머무른 것이다 그리고 그곳에서 무언가 집중하고 있는 듯했다. 나는 놀라지 않았을 수 없었다. 그리고 몸에서 땀이 나기 시작했다.

그리고 환상을 보게 되었는데 어떤 한 사람이 불 속에 서 있는 모습이었다. 그는 나에게 불 속으로 걸어 들어오라는 손짓을 보냈다. 바로 그 순간 그 남자가 예수님이라는 사실을 알게 되었다. 내가 그 속으로 들어가 그분과 함께 서자 그분이 말씀하셨다. "내 모든 상처를 통해 나의 백성들을 위한 특별한 치유를 얻게 되었다." 그리고는 자신의 상처 이곳 저곳을 보여 주시기 시작했다. 각각의 상처들을 일일이 해석하시면서 그것을 통해 얻게 된 특별한 치유에 대해 자세하게 설명하시는 것이다.

주님께서는 자신의 머리를 보여 주시며 그 위에 얹은 가시 면류관을 가리키셨다. "이 상처를 통해 모든 정신적인 질병들을 치유할 수 있게 되었노라."

그리고 자신의 등을 보여 주시면서 십자가에 달리시기 전 채찍에 맞으신 흔적을 가리키셨다. 그 때 이사야의 말씀이 떠올랐다. "그가 채찍에 맞으므로 우리가 나음을 입었도다"(사 53:5, 벧전 2:24). 채찍 자국은 그냥 단순한 줄무늬가 아니었다. 멜 깁슨이 만든 영화 '패션 오브 크라이스트(The Passion of the Christ)'에 나온 장면보다 더 깊게 패어 끔찍한 상흔으로 남은 모습이었다. 상처들을 하나씩 볼 때마다 그 곳에 적힌 글도 함께 읽을 수 있었는데 '백혈병'이나 '관절염'과 같은 단어들이 바로 그것이었다. 각각의 상처들은 그 부위에 특정지워진 질병들을 치유하는 것과 관련이 있었다.

그리고 나서 그는 자신의 발을 보여 주며 못자국 난 상처를 가리키셨다. 그리고는 중풍병과 관련된 모든 병들이 치유를 얻게 되리라 말씀하셨다. 그리고 손에 난 상처를 보여 주시며 다음과 같은 놀라운 말씀을 하셨다. "대부분의 질병이 이 손에서부터 발생한다는 사실을 알고 있느냐? 내 손에 난 못자국을 통해 손으로부터 시작되는 모든 질병들 역시 치유함을 받게 되었다."

마지막으로 창으로 찔리신 옆구리를 보여 주시며 찢어진 가슴을 안고 돌아가셨노라고 말씀하셨다. 그리고 이를 통해 모든 상한 마음을 고치실 수 있다고 하시는 것이 아닌가? 예수님께서는 다시 모든 상처들을 한번에 쭉 보여 주셨다. 머리와 등, 발과 손, 그리고 옆구리를 보이신 후 어느 한 군데도 못 고칠 곳이 없음을 알려 주셨다.

그분과의 만남을 통해 믿음이 내 안에 임하는 것을 느낄 수 있었다. 예전에 경험해 보지 못했던 하나님의 초자연적인 능력을 만난 것이다. 하나님의 계시를 굳게 붙들고 다른 사람들과 당시의 상황들을 바라보며 고대하는 마음을 져버리지 않기로 다짐했다.

이 만남을 통해 계속해서 자라고 있던 림프종은 쪼그라

들었다. 여전히 다섯 번의 치료가 남아 있었는데도 말이다. 담당의사와 항암치료사의 검진을 모두 받은 후 암세포가 완전히 사라진 사실을 확인했다. 그들은 이러한 경우를 단 한 번도 본 적이 없다고 말했다. 그들도 놀라고 나 역시 놀라움을 감출 수 없었다.

그 무렵 내 피부는 항암치료 때문에 검게 그을린 상태여서 오일을 바르던 중이었는데 그 고통이 너무나 커서 옷을 헐렁하게 입고 있던 중이었다. 암세포가 사라지고 나서도 피부는 여전히 검게 그을리고 벗겨진 상태였다. 그런데 지식의 은사를 가진 어떤 이의 집회에 참석하던 중 그가 그을린 피부에 대해 언급하면서 정확히 나의 상황과 맞아 떨어지는 부위에 대해 지적하는 것이 아닌가? 나는 그 기도를 받고 집으로 돌아왔다. 그리고 밤 사이 어떤 일이 일어났는지 알지 못했다. 다음날 아침이 되어 일어나 보니 검었던 피부가 눈처럼 새하얗게 변해 있었다. 그리고 더 이상 그을린 부분은 찾아 볼 수 없었다. 아기와 같은 피부로 바뀐 것이다.

두 가지 기적들에 대해 더 이상 설명할 길이 없다. 그저 할 수 있는 말은 치유는 '자녀들의 떡'이라는 것이다.

치유는 전인적인 것이다

더 깊은 치유의 과정을 경험할수록 인체 모든 부위에 치유의 능력이 관여하고 있다는 사실을 깨닫게 될 것이다. 육체뿐만 아니라 정신과 영혼까지도 말이다. 치유는 그야말로 전인적일 필요가 있다. 사람은 세분화되어 작용하는 기계가 아니다. 정신과 영혼에 어떠한 일이 일어나면 육체에 그대로 반영되며 반대로 육체에 미치는 영향력이 정신과 영혼에 전달된다.

치유는 자연적인 방법이나 의학적인 시술을 통해서만 일어날 수 없다. 기적적인 측면을 배제한다면 진정한 치유를 경험할 수 없는 것이다. 초자연적인 사역을 하면서 자연적인 면을 무시하려 하는 것이 아니다. 다만 육체적인 질병은 종종 감정적, 혹은 영적인 문제 때문에 야기되거나 악화되는 경우가 있다. 심지어는 악한 영적 영향력 때문이기도 하다. 여러 종류의 질병들과 인체의 각 부위는 복잡한 상관관계를 가지고 있으며 여러 다른 종류의 치유를 이끌어 내려면 그 과정에 있어 전인적인 관점을 가지고 있어야만 한다.

물론 완전하게 모든 것을 이해할 수는 없다. 그래서 우리들 각자가 맡은 대로 치유의 사명을 감당하게 된다 (마 10:1-8, 28:18-20). 성령님과의 관계를 기경하면 아버지 하나님께서 하고 계시는 일들을 이해하고 이 일에 동참할 수 있다. 예수님께서는 사람의 몸으로 오셔서 병자들을 고치셨다. 그리고 우리는 그의 발자취를 따라야 한다.

예수님께서는 치유의 기적을 보이실 때마다 하나님의 나라를 선포하셨다(마 4:2, 12:28, 눅 9:1-2, 10:1, 9). 병든 자를 고치심으로 예수님께서는 사탄을 물리치시고 자신의 통치권을 증명하셨다. 신약을 살펴보면 병든 상태가 종종 죄의 결과에서 기인하는 것으로 등장하기도 하며 그 배후에 있는 악한 영들이 나타나 사탄의 왕국을 대변하기도 했다. 치유는 죄를 회개하고 사탄과 대적하는 것과 관련을 가지고 있다. 건강은 개개인의 의로움의 결과로 나타나기도 한다(막 2:1-2, 요 5:1-11, 약 5:14-16). 불순종, 그리고 죄와 함께 연합하게 되면 연약함과 질병, 그리고 죽음의 문을 열게 된다(행 5:1-11, 고전 11:27-32).

능력의 전인적인 치유는 육제적, 영적 치유를 넘어선다. 왜냐하면 한 사람의 인생 전체를 다스리게 되어 사탄의 능력이나 영향력 아래 더 이상 머무를 수 없도록 인도하기 때문이다. 능력의 치유는 자연스러운 과정들을 만났을 때 초자연적 힘을 발휘한다. 다음의 예가 바로 그러하다.

죄들을 용서함

질병에서 회복됨

가난과 사회 구조의 압박에서 벗어남

귀신의 능력과 영향력 아래에서 자유케 됨

죽은 자가 살아남

이 모든 것들은 하나님 나라의 임재와 권능의 표적들이다(눅 7:22-23).

예수님께서 치유하신 이유

예수님께서는 하나님의 나라가 도래했음을 알리기 위해 치유의 능력을 사용하셨다(마 9:35). '자녀들의 떡'을 만들기 위해서는 이 점을 주의 깊게 살펴볼 필요가 있다. 예수님께서 치유하실 때 하나님 나라에 대해 광범위하게 다루셨으며 다음의 내용들이 성경 속에서 발견할 수 있는 것들이다.

예수님께서는 단순히 요청 받으셨기 때문에 고치셨다(막 7:31-37).

예수님께서는 믿음에 반응하여 치유하셨다(마 9:20-22).

예수님께서는 자신과 자신이 전하는 메시지를 증거하기 위해 고치셨다(행 2:22).

예수님께서는 전도의 문을 열기 위해 치유하셨다(행 9:20-43).

예수님께서는 교회를 향한 자신의 헌신을 나타내시기 위해
치유하셨다(약 5:14-16).

예수님께서는 자신과 아버지를 영화롭게 하기 위해 고치셨다
(요 11:1-4).

예수님께서는 긍휼한 마음을 가지고 계셨기 때문에 치유의
능력을 사용하셨다(막 1:40-41).

성령님의 능력과 임재를 통해 예수님께서는 오늘 날에
도 동일하게 치유의 역사를 행하신다. 만약 그분의 치유
능력을 아직 경험해 보지 못했다면 오래지 않아 그와 함
께하는 초자연적 삶을 통한 치유를 경험하게 되리라 확신
한다. 여러분은 경험하게 될 것이다.

대속의 치유

개인 구원을 위한 믿음만큼 초자연적인 일은 없을 것이
다. 치유의 기적에 대해 이의를 제기하는 성도라고 해도
예수님께서 우리의 죄를 대속하시기 위해 십자가에서 돌
아가셨음을 믿는 데 아무런 지장이 없을 것이다. '속죄하
다'라는 뜻 안에는 '화해하다, 요구를 들어주다, 죄를 갚
다, 달래다'라는 의미가 숨어 있다.

과연 십자가는 죄문제를 해결할 뿐 아니라 우리의 질병까지 감당했던 것일까? 각계의 저명한 크리스천들은 이러한 문제들에 대해 심사숙고해 왔으며 모두가 같은 결론에 도달했다. 그렇다. 여기 몇 가지 결론들을 소개해 보겠다.

그리스도의 대속에는 육체적인 치유를 위한 믿음이 그 기초석으로 놓여 있는 듯하다…예수님께서는 자신의 백성들을 위해 죄를 대신 지실 뿐만 아니라 병자들까지 짊어지셨다…그리스도의 십자가는 우리의 허물과 질병이라는 멍에까지 감당하셨다…그리스도께서는 죄뿐만 아니라 우리의 질병까지 대신 견디신 것이다.[2]

A. J. 고든(고든 콘웰(Gordon-Conwell) 신학교 침례교 측 설립자)

이사야 53장 4-5절은 구세주께서 오심을 나타내는 거울과 같은 구절이다…이 구절에서 치유에 대한 분명한 약속이 있고 예수님의 삶과 죽음을 통해 고통과 질병으로부터 완전히 자유케 되어 가장 강한 모습으로 설 수 있는 가능성에 대해 이야기하고 있다…그러므로 우리의 죄를 감당하셨다고 했을 때에는 우리의 병 역시 다 가져가셨음을 의미한다. 그리스도 안에 거하면 모든 고통에서 자유케

---

[2] A. J. 고든, '치유 사역(The Ministry of Healing, 1915)'

된다는 말은 곧 질병과 고통 모두를 의미한다고 할 수 있다. 이러한 이유로 우리는 치유받을 수 있다.³

A. B. 심슨, 크리스천과 선교사 연맹(Christian and Missionary Alliance)

육체의 질병이 치유되기를 구하는 수많은 사람들의 믿음을 가로 막는 가장 큰 장벽은 바로 그들의 생각 속에 하나님께서 모든 사람을 다 치유하시지 않을지도 모른다는 불확실성 때문이다. 누구나 다 하나님께서 어떤 사람들은 치유하신다는 사실에 대해 동의하지만 현대주의 모더니즘적 배경을 가지고 있는 신학은 성경에서 분명히 가르치고 있는 '모든 사람을 위한 치유'에 대한 부분을 사람들이 알지 못하도록 만들고 있다. 하나님의 뜻이 제대로 알려진 곳에서만 하나님께서 가지고 계신 능력이 그 권리를 주장할 수 있기 때문에 하나님께서 베푸시는 치유의 축복에 대한 확신이 없다면 믿음은 담대하게 그 능력을 선포할 수 없을 것이다.⁴

F. F. 보스워스, 치유 전도자

이사야에서는 앞으로 오실 그리스도에 대해 예언한다.

---

3 A. B. 심슨, '치유의 복음(The Gospel of Healing, 1915)'
4 F. F. 보스워스, '신유'(박명수, 박도술 역, 은성, 1999)

그분은 우리의 죄과 때문에 상함을 입었고 우리의 허물로 인해 땅에 묻으셨다. 여기까지는 죄에 대한 문제를 해결하셨다는 구절이다. 그리고 그가 채찍에 맞으므로 우리는 나음을 입었다. 이 대목은 우리의 질병에 대한 문제를 해결하셨다는 내용을 담고 있다. 그러므로 죄와 질병, 두 가지 모두로부터 우리는 자유함을 입게 되었다는 사실을 분명히 알 수 있는 것이다.[5]

T. L. 오스본, 치유 전도자

만약 그리스도께서 우리의 죄값을 치루셨다면 더 이상 내가 지불해야 할 필요가 없는 것이다. 만약 그리스도께서 우리의 질병을 담당하셨다면 그로인해 내가 고통받을 필요가 없는 것이다. 예수님의 희생은 완전한 것이다. 전혀 부족함이 없다. 우리의 죄를 위한 대속은 이미 십자가에서 이루어졌다. 예수님께서 채찍에 맞으시면서 우리는 고침을 받게 된 것이다. 예수 그리스도의 죽음을 통한 대속 때문에 우리의 영혼뿐만 아니라 우리의 몸도 치유를 받게 된 것이다. 그리스도의 완성된 사역을 받아들이는 일은 우리의 몫이다. 그리고 우리에게 요구되는 죄용서와 치유는 믿음으로 온전케 되는 것이다.[6]

휴 제터, 하나님의 성회(Assemblies of God) 목사

---

5 T. L. 오스본, '믿음으로 질병을 치유하라'(김유태 역, 순전한 나드, 2006)

치유는 초자연적인 자연 현상이다

자연적인 삶을 분석하는 것보다 초자연적 삶을 분석하기란 여간 어려운 것이 아닐 것이다. 왜냐하면 그 핵심 요소들이 너무나 잘 통합되어 있기 때문이다. 인류가 경험할 수 있는 모든 종류의 질병들이 치유될 수 있다면 이러한 치유가 곧 초자연적 삶의 핵심이다. 왜냐하면 매일 매일 믿음의 삶을 사는 사람들을 통해서 가능한 것이기 때문이다.

만약 여러분이 육체적인 질병을 가지고 있다면 믿음으로 살아가기란 쉽지 않다. 영적으로 불구가 되었거나 감정적으로 상처를 받았거나, 혹은 귀신에게 시달림을 받고 있다면 믿음으로 살아내기가 더 더욱 힘들 것이다. 그래서 예수님과 함께 초자연적인 삶을 가능하게 하고 우리 마음속에 있는 어두움 가운데 하나님의 나라를 가져오도록 성령님께서 모든 종류의 치유를 베푸시는 것이다. 우리 몸의 치유뿐만 아니라, 영과 감정과 관계, 그리고 체력과 평안함의 치유가 이에 해당되며 심지어는 죽음 가운데 고침을 받게 될 수도 있다. 이를 부활이라고 부를 수 있을

---

6 허그 제터의 으로(Springfield, Mo: Gpspel Publishing House, 1977), pp. 34-35

것이다.

치유 역사가 일어날 때 악한 영이 떠나가는 상황 역시 늘 개입되어 있다. 하나님께서 전 우주 가운데 심어 두신 자연적인 치유의 과정을 통해서도 이러한 역사가 종종 일어난다. 치유의 과정을 통해 시간을 두고 온전한 치유를 경험하게 되는 것이다.

만약 주님께서 치유가 필요한 모든 것을 일순간에 고치셨다면 이 의견에 동조하지 않을 수도 있다. 때때로 일순간에 발생하는 치유의 기적을 경험할 수도 있겠지만 대부분의 치유 역사에는 그 진행과정이 필요하다. 시간을 두고 치유를 위해 간구하고 있을 때 주님을 간절히 구하게 된다. 그분께서 모든 치유의 근원이시기 때문이다. 예수님을 구하는 동안 여러분 안에서 초자연적 삶이 계속해서 자라 갈 것이다.

자주 반복해서 일어나는 치유의 사례들을 몇 가지 제시해 보도록 하겠다.

첫째, 우리의 몸을 치유하신다. 육체적인 질병은 보통 물리적인 측면에서 기인하고 있다. 생체적인 불균형이나 기능의 마비와 같은 것이 그 예이다. 그래서 우리의 몸 가운데 치유가 일어난다는 것은 육제적인 기능이 바뀌거나 정상화되는 것이다.

소경 바디매오는 볼 수 없었다. 하지만 해결해야 하는 죄가 있거나 귀신 들린 증거도 없었다(막 10:46-52). 그 눈의 어느 부위가 그저 제대로 그 기능을 다하지 못하고 있었을 뿐이다. 예수님께서 지나가셨을 때 그는 도움을 요청했고 예수님께서는 볼 수 있도록 그를 치유하셨다.

둘째, 우리의 영혼을 치유하신다. 영적인 질병은 주로 죄 때문에 생겨나는 것이다. 우리 영혼의 치유는 곧 하나님과 함께하는 영적인 삶의 회복을 의미한다. 가장 깊은 종류의 치유는 예수님께서 회개를 촉구하신 후 죄를 용서하실 때 일어난다. 예수님의 구원을 받을 때 우리의 영혼은 비로소 회복을 경험하기 시작한다. 믿음의 발걸음을 한 걸음씩 뗄 때마다 여러분의 영혼의 회복 역시 한 발자국씩 이루어지는 것을 보게 된다.

치유는 언제나 가능하다. 절대로 늦지 않았다. 여러분은 "우리 속에 착한 일을 시작하신 이가 그리스도 예수의 날까지 이루실 줄을 우리가 확신하노라"(빌 1:6) 라는 말씀을 알고 있다.

셋째, 우리의 감정을 치유하신다. 하나님께서는 상처로 가득한 기억들과 손상된 감정들을 고치신다. 우리의 행위로 인해 우리의 영혼이 병을 얻게 되는 반면에 우리의 감정은 보통 다른 사람들의 행위나 어려운 상황 때문에 상하는 경우가 많다. 과거의 경험들을 어떻게 다루느냐에 따라 나약해졌거나 상처 입은 감정 소모를 그칠 수 있다. 이것이 지속되면 죄와, 절망, 그리고 소외감과 열등감, 이유를 알 수 없는 두려움과 불안함, 정신병 등과 같은 상황에 직면할 수 있다.

감정의 치유는 단지 일시적으로 우리의 감정을 만지는 것이 아니라 상처를 야기한 모든 기억에까지 그 영향을 미친다. 여러분의 가족을 통해 전승된 영적인 문제들도 가끔 만져지고 치유를 받기도 한다. 감정적인 치유를 두고 '내적 치유'라는 표현을 쓴다. 내적 치유는 성령님의 감독 아래 감정적인 문제들의 근원을 발견하여 이것을 끄집어내어 십자가 위에서 죽게 만드는 과정을 통해 이루어지기 때문에 속사람을 깊게 파고 드는 훈련이다.[7]

베드로가 예수님을 부인한 후 주님께서는 산산조각이 난 그의 마음을 치유하시기 위해 특별히 찾아 오셨다. 베드로가 주님을 정확히 세 번 부인했을 때처럼 주 예수님께서도 정확하게 세 번 베드로가 제자와 아들의 신분을 되찾을 수 있게 하셨다(마 26:33-35, 69-75, 요 21:15-17). 예수님께서는 "주의 성령이 내게 임하셨으니 이는 가난한 자에게 복음을 전하게 하시려고 내게 기름을 부으시고 나

---

[7] 존, 마크 샌포드의 Deliverance and Inner Healing(Grand Rapids, MI: Chosen Books, 1992), p.50

를 보내사 포로된 자에게 자유를, 눈 먼 자에게 다시 보게 함을 전파하며 눌린 자를 자유케 하고 주의 은혜의 해를 전파하게 하려 하심이라(눅 4:18-19, 사 61:1 인용)."라고 말씀하셨다.

넷째, 우리의 정신을 치유하신다. 여러분의 두뇌는 육체에 속한 기관이기 때문에 육적인 치유가 필요할 때도 있다. 어떤 경우 감정적인 치유가 필요할 때도 있다. 때때로 정신의 치유가 악한 영들의 영향력에서부터 놓임을 받는 것과 연관을 가질 때가 있다. 마귀에 의해 야기된 정신적인 질병은 영적, 감정적, 육체적 질병이 갖는 징후와 같을 수 있다. 물론 이러한 사실을 받아들이는 것이 쉽진 않겠지만 만약 우리의 죄가 사함을 받았다고 한다면 악한 영들에게서 자유케 함을 받을 수 있다는 사실을 왜 믿을 수 없겠는가?

이 장의 서두에서 인용했던 '자녀의 떡' 이야기 안에 담긴 치유 사건은 축사와 관련된 것이었다. 귀신은 불쌍한 소녀를 괴롭혔으며 그 상황은 절망스러웠다. 그녀의 어머니는 예수님께 간청할 수밖에 없었다. "주 다윗의 자손이여, 나를 불쌍히 여기소서. 내 딸이 흉악히 귀신들렸나이다"(마 15:22). 그 딸의 고통은 어떤 부분은 육체적인 것이었지만 감정적이거나 정신적인 문제로도 충분히 고통받고 있었다. 귀신이 내어 쫓긴 이후로 그녀의 딸은 제정신이 돌아왔고 이는 영원한 치유였다(막 7:24-30).

다섯째, 우리의 관계를 치유하신다. 경건한 행동 수칙을 지키지 않았을 경우 그 결과 우리 삶 속의 사회적인 측면과 관계 가운데 손상이 가해진다. 치유받지 못한 사람들은 다른 사람들에게 상처를 준다. 그리고 상처 입은 사람들도 다른 사람들에게 상처를 준다.

모든 사람은 관계적 치유가 필요하다. 이런 종류의 치유는 결혼 관계 속에서 좀더 특수한 의미로 적용할 수 있다. 관계의 치유는 용서와 깨어졌던 경건한 삶의 회복을 통해 일어난다. 조화로운 상호 관계는 모든 교회와 사회 가운데 건강을 선사한다.

여섯째, 임종을 맞이할 때 강인함과 평안을 주신다. 치유에 대한 적용으로서 꽤나 놀라운 항목이라 여길지도 모르겠다. 하지만 단지 이에 대해 자주 대화를 나누지 않았던 것뿐이다. 이런 종류의 치유는 보통 '평안'이라는 모습으로 찾아오기 마련이다. 죽음의 경험을 통해 죽어가는 사람과 이를 지켜보는 사람들 모두에게 해당되는 내용이기도 하다. 예수님께서는 말씀하신다. "애통하는 자는 복이 있나니 저희가 위로를 받을 것임이요"(마 5:4).

가끔씩 주님은 죽음을 바로 집행하지 않으신다. 마태복음 8장 5-13절에서 백부장의 하인에게 이러한 경험을 하도록 했고 또한 요한복음 4장 46-53절의 귀족 아들에게도 다시 같은 일을 반복했다.

일곱째, 죽음으로부터 치유하셨다. 죽음으로부터의 치유는 죽음에서 부활한 것과 같은 것이다. 우리의 마지막 죽음 이후에는 영원한 삶으로의 절대적인 치유가 뒤따른다. 이것이야말로 가장 궁극적인 치유이다. 모든 다른 종류의 치유들은 부분적일 뿐이다. 무언가가 병들고 잠시 죽지만 아버지께서 이를 다시 일으켜 생명을 부어 주신다. 죽은 것이 분명한 누군가가 다시 생명을 얻게 된 것을 여러분이 보게 된다면 치유의 신령한 능력이 이보다 더 극적으로 느껴지진 않을 것이다.

가장 성경적인 예는 바로 죽음에서 살아난 나사로의 이야기이다(요 11:1-57). 현대의 부활 사건들은 하나님의 영이 여전히 일하고 계시며 앞으로도 그러하시리라는 표징이다.

그렇다. 치유는 자녀들의 떡이다. 예수님께서 이 땅에 사셨을 때도 있었고 예수님께서 자신의 몸(여러분과 나) 안에 살고 계시는 오늘날에도 우리가 이 땅 가운데 초자연적인 삶을 살았을 때 여전히 이러한 일들이 일어난다. 초자연적인 삶을 사는 데 박차를 가하며 우리의 시대에 예수 그리스도께서 이미 이루신 치유 사역이 온전히 일어나는 것을 기대하자.

되돌아보기

치유는 예수님께서 '자녀들의 떡'이라고 부르는 초자연적 삶에 있어 가장 기초적이며 없어서는 안 되는 필수품목이다. 예수님께서는 여러 다른 종류의 치유의 증거로서 우리들을 그 본보기로 삼으셔서 주님께서 떠나신 후의 시대를 살아가는 우리들이 사도행전 10장 38절의 삶을 이어받기를 원하신다. "하나님이 나사렛 예수에게 성령과 능력을 기름붓듯 하셨으매 저가 두루 다니시며 착한 일을 행하시고 마귀에게 눌린 모든 자를 고치셨으니 이는 하나님이 함께 하셨음이라."

1. 초자연적인 삶에서부터 흘러 나오는 치유의 한 부분으로써 자연적인 치유 과정을 생각해야 하는 이유는 무엇인가? 모든 치유의 창시자는 누구인가?

2. 주된 치유의 형태들을 복습하라. 어떤 종류의 치유를 개인적으로 경험해 보았는가? 구체적인 치유 내용을 증거할 수 있는가?

3. 지금 이 순간 여러분에게 치유가 필요한가? 하나님께 이에 대해 이야기해 보라. 그리고 하나님께서 여러분을 통해 하시려는 일이 무엇인지 찾으라.

12장

아름다운 마무리

초자연적 삶을 산다는 것은 아주 흥분되는 일이다. 마치 특수효과가 가득한 영화와 같은 삶일 것이다. 하지만 이것은 전체적인 그림을 이루어 가는 일에서 벗어나는 것이다. 이 책 전반에 걸쳐 분명하게 하고자 했던 것은 우리 삶 전체를 초자연적인 삶으로 아우르지 못한다면 그것은 진정한 삶이 아니라는 점을 알리고 싶었다.

초자연적 삶의 질은 우리가 얼마나 예수님처럼 성장하는지에 달려 있다. 개인적인 인격의 도량과 생기 있는 믿음 모두가 중요한 요소이다. 사랑의 관계를 지킬 수 있는 능력 역시 필수적인 것이다.

초자연적인 삶은 대부분 평범하고 일상적인 것들이다. 그저 다를 뿐이다. 그러한 차이는 우리 안에 살고 계시면서 방향을 알려 주시는 생명의 성령님으로부터 비롯된 것이다. 성령님께서는 우리를 인도하시고 확신을 주시며 능력을 허락하신다. 모든 것 가운데 의미를 부여하실 것이다. 여러분은 결코 고난과 핍박, 절망과 실패, 실수나 문제, 혹은 정신적인 고통 가운데 젖어 있지 않을 것이다. 성령님께서는 우리의 삶이 하나님의 계획 가운데 맞아 떨어 질 수 있도록 최악의 경험들마저도 다 읽고 계신다.

여러분 안에 살아 계시는 성령님 덕택에 사망의 문 앞에 이를지라도 성공적인 초자연의 삶을 살아갈 수 있게 되었다. 예수님께서는 우리를 살리셔서 영원히 자신의 소유로 삼으실 수 있었다. 예수님의 영, 즉 성령님께서는 우리들이 경주를 아름답게 마칠 수 있기를 바라신다.

사도 바울은 자신이 이 땅에서의 생을 마감하게 되었을 때 교만과 폭력으로 시작되었던 자신의 삶과 남은 인생 가운데 인내를 가지며 견뎌야 했던 폭풍 같은 삶 대신 아름답게 끝내야 한다는 사실을 알고 있었다.

> 관제와 같이 벌써 내가 부음이 되고 나의 떠날 기약이 가까왔도다 내가 선한 싸움을 싸우고 나의 달려갈 길을 마치고 믿음을 지켰으니 이제 후로는 나를 위하여 의의 면류관이 예비되었으므로 주 곧 의로우신 재판장이 그 날에 내게 주실 것이니 내게만 아니라 주의 나타나심을 사모하는 모든 자에게니라(딤후 4:6-8).

바울은 오직 주님께만 그 시선을 고정하며 자신의 인생을 살아 냈다. 자신의 상급을 꼭 붙들고서 말이다. 다른 사람들의 의견이 어떠하든 상관 없이 수십 년 동안 주님께

나뉘지 않은 마음으로 한결같이 자신의 삶을 드렸다. 다메섹으로 가는 길에서 예수님을 만나는 그 순간부터 그의 삶은 초자연적인 것이 되었다. 그리고 계속해서 그 길에서 떠나지 않았다.

견고한 집을 지으라

이러한 사실을 염두에 두고서 아주 생생하게 꾸었던 꿈 하나를 소개해 보고자 한다.

나는 어떤 '느낌'이나 주변 분위기에 따라 예언적인 꿈과 초자연적인 만남이 임했다는 사실을 발견하곤 했다. 소개하고자 하는 꿈에서는 질투하시는 하나님의 임재가 그대로 나타나 있었는데 이러한 하나님의 질투는 절대 두 마음일 수 없는 하나님의 불타는 열정이 그분의 백성들을 향해 헌신되고 있음을 나타내는 것이다.

그 꿈에서 나는 이미 준비된 집 터에서 기초 공사를 위한 건축 부지를 살피던 중이었다. 두 명의 천사가 다가와 그 땅의 양 쪽 끝에 서서 건축 과정을 지켜 보고 있었는데 그 땅은 거친 돌밭이었고 여러 번 지진의 여파로 강하게 흔들리고 있음을 감지할 수 있었다. 하지만 이곳이야말로 훌륭한 기반이 놓이게 될 것이라는 사실을 알 수 있었다.

아주 깊은 곳을 파 내려가자 시멘트 트럭이 등장했고 그곳에 기초를 놓기 시작했다. 첫 번째, 시멘트가 덮였고 나는 그것이 제대로 자리를 잡았는지 확인했다. 시멘트가 단단히 굳어갈 때 그 기반 바로 오른쪽 앞에 성경 구절이 나타났다. "예수 그리스도, 유대인과 이방인의 구세주." 그리고 왼쪽에 또 다른 구절이 나타났다. "사도들과, 선지자들, 그리고 모든 세대의 아버지들과 어머니들." 마치 표면에서 저절로 올라와 글씨가 새겨지듯 등장했다. 이 구절은 에베소서 2장 20절에 등장하는 것들이다. "너희는 사도들과 선지자들의 터 위에 세우심을 입은 자라. 그리스도 예수께서 친히 모퉁이 돌이 되셨느니라."

시멘트 트럭들은 계속해서 다음 시멘트를 그 위에 덮었다. 그리고 두 번째 층에서도 말씀이 나타나기 시작했다. 모퉁이의 오른편 앞쪽에 '겸손'이라는 단어가 등장했고 왼편에는 '성실'이라는 글씨가 새겨져 있었다. 이 장면은 세 번째로 새로운 시멘트가 덮일 때에도 그대로 재현되었다. "깨끗한 마음에서 우러나오는 친밀한 예배."

이 집은 일반적으로 지어진 집들과 다르다는 사실을 곧바로 인식하게 되었는데 이것은 바로 마지막 때에 하나님의 영광을 위한 사도적인 집이었던 것이다. 또 다른 시멘트 트럭이 와서 재빨리 마르는 물질을 쏟아 부었다. 그리고는 다음과 같은 말씀이 나타났다. "가난한 자들과 절망 가운데 있는 자들을 위한 하나님의 마음." 이 글자가 새겨지자마자 또 다른 구절들이 눈앞에 펼쳐졌다. "하나님의 치유 임재." 이제 기반은 다 닦인 것으로 보였다.

그리고 나서 이 모든 건축 과정을 지켜 보던 두 명의 천사들의 분명한 음성을 들으며 꿈 속에서 깨어났다. 그 말씀은 다음과 같았다. "견고하게 서기 위해 지어진 집." 하나님의 질투가 그 안에 담겨 있었고 천사들은 계속해서 건축 과정을 지켜보며 그 기반이 든든히 다져지고 있는지를 확인하고 있었다.

여러분의 집은 어떻게 지어지고 있는가?

이와 같이 성령님께서는 사람들을 뒤흔들어 각자의 인생 가운데 놓인 기반이 강하고 안전해서 끝까지 집을 완성할 수 있도록 도우신다. 연합을 통해 지어 가는 하나님의 거하시는 처소인 교회도 그리스도의 몸을 통해 완성된다.

예수 그리스도를 모퉁이돌로 여러분의 집을 지어가고 있는가?(벧전 2:6) 사도와 선지자의 계시와 삶의 양식, 그리고 진리로 건축된 집인가? 모든 교회사를 통해 등장했던 믿음의 아버지들과 어머니들의 수고들도 그 안에 포함되어 있는가? 성실과 겸손함으로, 거룩한 예배로 가득한 마음으로 인생을 채워가고 있는가? 오래 전부터 기반이 되어 왔던 가난한 이들과 절망 가운데 사로잡힌 이들을 위한 하나님의 마음을 회복시켜 주실 것을 주님께 구하고 있는가? 주님께서 자신의 사랑과 긍휼을 나타내시기 위해 치유의 기적을 더 부어 주실 것을 요청하고 있는가?

이 꿈을 꾸고 난 이후부터 다음과 같은 질문을 나 자신과 여러분에게 해오고 있다. "질투하시는 하나님의 영이 어떻게 우리의 집을 짓는단 말인가? 바람과 비와 폭풍우가 올 때 여러분의 집은 안전한가?(마 7:24-27) 과연 견뎌 낼 수 있는 것인가?" 하나님께서는 튼튼하게 지어진 집을 원하신다. 그것이 끝까지 잘 남아 있기를 바라시는 것이다. 자신을 위해 우리에게 이와 같은 요구를 해오고 계신 것이다.

주님으로부터 오는 지혜를 받아 하나님의 위대하심을 증거할 수 있는 견고한 집을 짓는 데 적용할 수 있어야 한다. 성령님께서 우리의 집을 점검하고 순찰하시도록 하는 게 아니라 우리 스스로 살필 수 있어야 한다. 그리고 우리 집의 부족하고 잘못된 부분을 바로 잡아 주시길 간청하는 것이다. 그러면 우리를 도우셔서 우리의 집이 모래 위에 있는지 아니면 굳건한 반석 위에 놓였는지 가르쳐 주실 것이다.

주님께서 계속 기초를 놓는 것에 매진하도록 자꾸 시작만 반복하게 하실지라도 이 역시 그만한 값어치가 있다.

언제인가 주님께서 나의 인생 가운데 오셔서 공기 드릴을 가지고서 모든 것을 조각조각 찢어 놓으시는 것을 느낄 때가 있었다. 이전보다 더 깊고 더 아름다운 기반을 마련할 수 있도록 말이다. 여러 해 동안 지어 왔던 것도 무너뜨리셨다. 그저 주님께서는 그래도 괜찮다고 나를 안심시키실 뿐이었다. 하나님의 은사들과 부르심은 자연스럽게 내 안에서 자리를 잡아 가고 있었지만 하나님께서 원하시는 그런 종류의 집을 완성하기에는 그 강도나 깊이가 부족했었던 것이다. 하나님께서는 고층 건물을 원하시지만 나는 시골의 작은 통나무 집을 짓고 있는 것 같았다.

우리 모두 함께 우리의 기초가 잘 다져져 있는지를 확인해 보자. 이 땅에서의 초자연적 삶을 건강하게 받쳐 줄 수 있는 일곱 가지 표적들을 기억하면서 말이다. 이 책 5장에서 북극성과 유성을 비교했었다. 자신의 자리를 잡고 그곳에 꿋꿋하게 매달려 있는 북극성처럼 우리에게 주어진 인생의 목적을 향해 정직하게 걸어가고 있는지 확인해야 한다. 마지막 때가 되었을 때 "잘 했다, 착하고 충성된 종아(마 25:21, 23, 눅 19:17)."라는 음성을 우리 모두가 듣게 되기를 원한다.

로마 교회 사람들을 향해 바울이 했던 말들로 스스로를 평가할 수 있는 기준으로 삼을 수 있을 것이다.

또한 너희가 이 시기를 알거니와 자다가 깰 때가 벌써 되었으니 이는 이제 우리의 구원이 처음 믿을 때보다 가까웠음이니라 밤이 깊고 낮이 가까웠으니 그러므로 우리가 어두움의 일을 벗고 빛의 갑옷을 입자 낮에와 같이 단정히 행하고 방탕과 술 취하지 말며 음란과 호색하지 말며 쟁투와 시기하지 말고 오직 주 예수 그리스도로 옷 입고 정욕을 위하여 육신의 일을 도모하지 말라(롬 13:11-14).

첫째, 여러분은 영적으로 깨어 있는가? 초자연적인 성도들은 지금이 어떠한 때인지를 알고 있다. 성도들은 지금이 '잠들 때'가 아니라는 사실을 너무나 잘 알고 있다. 어두움이 눈앞에 머물러 있다. 그리고 세월이 가까웠다. 제때에 주인의 음성에 대답할 수 있도록 너무 늦어서는 안 된다.

둘째, 여러분의 삶은 깨끗하고 거룩한가? '어두움의 일'을 벗었는가? 그리고 '빛의 갑옷'을 입고 있는가? 초자연적 성도들은 이러한 일을 행할 수 있는 능력을 가지고 있다. '빛의 갑옷'은 성도들의 삶을 깨끗하고 거룩하게 지켜줄 것이다.

셋째, 하나님의 나라 확장을 위해 기도하고 있는가? 초자연적 성도들은 그 가운데 하나님의 나라를 소유한 백성들이다. 하나님의 군대가 수행해야 할 일들로 삶을 규정하

또한 너희가 이 시기를 알거니와 자다가 깰 때가 벌써 되었으니 이는 이제 우리의 구원이 처음 믿을 때보다 가까웠음이니라 밤이 깊고 낮이 가까웠으니 그러므로 우리가 어두움의 일을 벗고 빛의 갑옷을 입자 낮에와 같이 단정히 행하고 방탕과 술 취하지 말며 음란과 호색하지 말며 쟁투와 시기하지 말고 오직 주 예수 그리스도로 옷 입고 정욕을 위하여 육신의 일을 도모하지 말라(롬 13:11-14).

첫째, 여러분은 영적으로 깨어 있는가? 초자연적인 성도들은 지금이 어떠한 때인지를 알고 있다. 성도들은 지금이 '잠들 때'가 아니라는 사실을 너무나 잘 알고 있다. 어두움이 눈앞에 머물러 있다. 그리고 세월이 가까웠다. 제때에 주인의 음성에 대답할 수 있도록 너무 늦어서는 안 된다.

둘째, 여러분의 삶은 깨끗하고 거룩한가? '어두움의 일'을 벗었는가? 그리고 '빛의 갑옷'을 입고 있는가? 초자연적 성도들은 이러한 일을 행할 수 있는 능력을 가지고 있다. '빛의 갑옷'은 성도들의 삶을 깨끗하고 거룩하게 지켜 줄 것이다.

셋째, 하나님의 나라 확장을 위해 기도하고 있는가? 초자연적 성도들은 그 가운데 하나님의 나라를 소유한 백성들이다. 하나님의 군대가 수행해야 할 일들로 삶을 규정하고 있으며 자신의 시대와 자신이 속한 장소에서 하나님 나라의 도래를 실현시키는 존재들이다. 그리고 하나님의 나라를 확장시키기 위해 사령관의 지시가 무엇인지 꿰뚫고 있으며 자신의 임무를 완수하는 사람들이다.

넷째, 여러분은 투명하고 열려 있으며 정직한 삶을 살고 있는가? 대부분의 시간 동안 우리는 어두움 가운데 노골적인 죄를 지어 왔다. 바울이 "낮에와 같이 단정히 행하라."고 말했을 때 그가 말한 의미를 잘 이해할 것이다. 초자연적 성도들은 더 이상 숨을 필요가 없다. 어둠의 그림자를 찾으러 도망 다니지 않는 것이다. 이중적인 삶을 살고 있지 않는다. 거짓되게 살고 있지 않은 사람들을 만났을 때 원기가 회복되는 것을 느낀 적이 있는가? 그리고 여러분 역시 그러한 종류의 사람인가?

다섯째, 정욕으로 가득한 삶을 피하고 있는가? 앞에서 본 말씀 가운데 쟁투와 시기가 이보다 더한 것처럼 여겨지는 음란, 호색, 방탕, 술 취함과 어깨를 나란히 하고 있다는 점은 상당히 흥미로운 점이다.

이렇듯 감추어진 죄들은 우리 중 어느 누구에게서도 나타날 수 있는 것이다. 우리의 영적인 집들을 평가하는 과정에서도 나타난다. 부러워하는 마음으로 여러분의 집을 다른 사람의 것과 비교한 적이 있는가? 그렇다면 죄를 회개하고 하나님 안에서 제대로 된 정체성의 기초를 다시 세울 수 있도록 도움을 구하라. 거룩 가운데 성장은 갑자기 일어나는 것이 아니다. 새롭게 다시 시작해 보라.

여섯째, 예수님에게 모든 것을 의지하고 있는가? 집을 잘 지으려면 그리스도와 친밀한 대화를 가질 필요가 있다. 우리 자신을 '오직 주 예수 그리스도로' 옷 입으라는 말씀을 기억하라. 여러분 스스로 '예수 그리스도'를 옷입을 수 없다. 오직 그리스도께서 주도권을 가지고 계시기에 '주 예수 그리스도'라고 기록한 사실을 잊어서는 안 된다. 스스로를 예수님의 권위 아래 낮추고 모든 주권을 그분께 드리라. 그것이 우리가 마땅히 취해야 할 태도인 것이다. 오직 예수님만이 그 책임을 다하실 수 있다. 그리고 세상 가운데 우리가 나타내야 할 분도 오직 예수님뿐이다. 예수 그리스도만이 우리가 내세워야 할 자랑거리인 것이다.

일곱째, 우선순위를 제대로 지키고 있는가? 다시 처음으로 돌아가서 죄가 다가오면 바울이 말한 대로 '이에 대해 생각조차 하지 말라.' 주님께 그 시선을 고정하고 세상의 정욕을 피했을 때 어떠한 일이 일어나게 되는지 여러분은 잘 알고 있다. 우리의 마음을 꾀는 것들이 그저 사라져 없어질 것이다. 마귀들을 물리치고 그를 제압하게 될 것이다. 그의 극악 무도함에서부터 자유로워지고 계속해서 든든한 반석 위에 집을 짓게 된다.

경고의 말씀

성령님의 지속적인 임재 없이는 앞에서 언급한 질문들에 대해 '그렇습니다'라고 대답할 수 없을 것이다. 슬프게도 교회사를 살펴보면 한때 전도유망했던 구조들이 점차 허물어져 갔다. 우리 가운데 들어 오셔서 내주하시는 성령님을 부인한다면 영적인 집을 제대로 지어 나갈 수 없다. 성령님을 방 안으로 모셔 들이는 일에 실패한다면 앞의 질문들에 대해 모두 반대되는 답을 하게 될 것이다.

이제 모든 것이 분명해졌다. 주 예수 그리스도로 옷 입고 그분을 계속해서 붙들라! 과거에 연연해서는 더 이상 자라갈 수 없다.

초자연적 사람들의 특징

종교적 은둔자들은 초자연적인 삶에 대해 나타내는 데 많은 한계점을 가지고 있다. 연합과 공동체의 틀 안에서 하나님을 섬기는 초자연적 백성들과 함께 삶을 나누지 않고서는 초자연적 삶을 살아가는 초자연적 자녀가 될 수 없다.

초자연적인 백성들은 성도들의 무리 가운데 존재한다. 개인적으로 동떨어져서는 안 된다. 모두가 함께 일어서 '십자가가 흘러가는 삶', 즉 하나님은 사랑이시라는 사실을 그대로 재현하는 삶의 방식을 통해 이 세상을 대적하는 영을 양성해 낼 수 있다. 올바른 교리도 중요하지만 기독교는 본질적으로 수직으로는 하나님과, 수평으로는 다른 사람들과 관계를 맺고 있다.

초자연적 백성들의 또 다른 특징은 그들이 개척자라는 점이다. 그들은 계속해서 앞으로 나아간다. 보이는 것과 스스로 세운 논리체계, 그리고 자신의 힘이 아닌 믿음으로 나아간다. 아브라함은 나아갈 바를 알지 못하고 가족과 함께 아버지의 집을 떠났다(히 11:8-10). 가끔씩 '초자연적 삶'을 통해 앞으로 일어나게 될 일들을 알게 될 것이라 생각할 때가 있을 것이다. 하지만 그렇지 않다. 아브라함은 엄청난 믿음을 가졌기 때문에 존경받는다. 그래서 믿음의 아버지라 불리는 것이다.

초자연적인 백성들은 '다른 이들을 위해 앞서 가는 사람들'이다. 이것은 무엇을 의미하는 것일까? 미가서 2장 13절을 보면 다른 이들을 위해 달려 나가 성문을 여는 사람들의 이야기가 등장한다. 그들은 땅을 취하기 위해 그 값을 지불한다. 그래서 다른 사람들이 하나님의 임재를 누리며 그분께서 계획하신 목적 가운데 들어올 수 있도록 해준다. 초자연적인 삶을 살아가는 사람들은 인생이 그저 '나, 나의 것, 나를 위한 것'으로 이루어져 있지 않음을 안다. 다른 이들을 위한 길을 열기 위해 주어진 과제를 기꺼이 감당하는 사람들인 것이다.

그들은 메시지를 가지고 있다. 만약 여러분이 초자연적인 사람이라면 살아 있는 말씀을 경험하고 있을 것이다. 초자연적인 것이 자연스러운 교회는 이 세상 가운데 예언의 메시지를 전달하며 예수 그리스도의 십자가 능력이 어떠한 효력을 발휘하고 있는지, 그리고 아버지 하나님의 사랑이 그의 백성 가운데 어떠한지를 선포한다. 초자연적인 교회는 단순한 계시나 대언을 말하지 않는다. 그들은 살아 있는 그리스도의 편지가 되어 초자연적으로 자연스러운 삶의 방식을 통해 하나님 나라의 메시지를 이 땅 가운데 전하는 사람들이다.

초자연적인 그리스도인들은 신약의 성도들을 위한 제사장들이다. 그들은 예수님의 열정과 사람들을 향한 긍휼로 가득 차 있다(벧전 2:5, 9). 그들은 종이 취해야 할 행위와 함께 믿음으로 살아간다. 또한 이 세대를 읽고 이에 대응할 줄 아는 연합체이다. 더 나아가 어떠한 순간에서든 자비로운 태도를 취할 줄 안다. 스티브 쇼그린(Steve Sjogren)의 표현을 빌리자면 '자비의 음모' 가운데 일원이 되는 것이다.

그들은 '들을 줄 아는 귀와 볼 줄 아는 눈'을 가진 사람들이다. 그들은 앞이 흐려진 그들의 눈을 치유받을 수 있도록 '눈에 바르는 연고'(계 3:18)를 가져온 사람들이다.

그리고 예수님의 음성을 듣지 못하게 만들었던 귀먹은 것과 흐려진 영에서 자유케 되었다. 또한 다른 이들을 그리스도의 몸 가운데로 초청하여 같은 사명을 감당할 수 있도록 한다.

이 모든 것이 초자연적인 백성들이 갖는 특징이다. 여러분도 이러한 사람들 중 한 명인가?

예수님이시라면 무엇을 하시겠는가?

초자연적 백성들은 스스로에게 그리고 서로를 향해 "예수님이라면 무엇을 하셨을까?"라고 묻는다. 성령으로 충만해지면 어떤 방향으로 나아가야 할지 무엇을 고쳐야 할지를 알게 된다. 그리고 그분의 말씀은 분명해진다. 추측하며 불분명했던 것들이 사라진다.

"예수님이라면 어떻게 하셨을까?"라고 묻는다는 것은 무엇이든 그분께서 하시는 일은 사랑과 정의로 행해진다는 사실을 나타내는 것이다. 하나님의 빛 가운데 거하며 마무리를 잘 하는 삶은 그분께서 우리 인생 가운데 제시하는 모든 길 가운데 만족이 있다는 뜻이다. 만약 예수님께서 하셨던 것을 하기 원한다면 그분의 사랑을 가득 채워서 그분의 정의가 우리의 삶 가운데 실현되게 해야 한다. 그러면 바울이 말한 자족하는 삶을 경험하게 될 것이다.

내가 궁핍하므로 말하는 것이 아니라 어떠한 형편에든지 내가 자족하기를 배웠노니 내가 비천에 처할 줄도 알고 풍부에 처할 줄도 알아 모든 일에 배부르며 배고픔과 풍부와 궁핍에도 일체의 비결을 배웠노라 내게 능력 주시는 자 안에서 내가 모든 것을 할 수 있느니라(빌 4:11-13).

자족하는 영은 배고픔, 궁핍과는 상반되는 것이다. 자족하는 성도는 외부적인 상황 속에서 평안과 만족을 구하지 않는다. 외부적인 상황은 항상 불만스러운 것 투성이기 때문이다. 자족하는 성도는 자신의 생각과 뜻 가운데 인생의 목적을 깨닫기 위해 하나님의 초자연적 능력을 받아 들이는 사람이다. 자족하는 성도는 하나님의 선하심 안에서 흔들리지 않는 진리와 백성들을 향한 하나님의 지속적인 보살핌 안에서 초자연적인 삶을 살아 낸다.

바울이 경험한 자족의 정도에 다다랐는가? 우리 가운데 상당수는 그렇지 못할 것이다. 나 역시 그러하다. 하지만 마지막으로 본 나의 아내는 그녀가 이 땅에서 초자연적인 삶을 잘 감당했기 때문에 그 지경에까지 다다랐다고 생각한다. 그녀는 사역을 통해 만족함을 얻지 않았다. 그녀의 목표는 전 세계를 여행하거나 유명한 작가가 되거나, 혹은 인도주의적인 단체를 설립하는 데 있지 않았다. 이 모든 것은 그녀가 살아 있을 때 했던 것이었는데도 말이다.

그녀의 목표는 명확했다. 마지막 유언에서 그녀는 이렇게 증거했다. "제 인생의 목표는 모든 마음과 인생 전체를 통해 나의 주 하나님을 사랑하는 것입니다." 그녀가 어디에 있든 늘 만족할 수 있었다는 사실을 보여 준다. 그녀는 우리가 어디에서 살든 항상 만족했다. 형편없는 헛간에서 말들의 배설물을 치우며 일할 때에도 그러했다. 그녀는 딱딱한 의자에 앉아 아무것도 하지 않을 때에도 그러했다. 어떤 종류의 일을 하든, 얼마나 오랫동안 일을 하든 상관 없이 모든 사람에게 주어지는 대가는 똑같다는 사실을 알고 있었다(마 20:1-16). 진정한 자족의 삶이었던 것이다.

예수님이시라면 어떻게 하셨겠는가? 그저 자족하셨을 뿐 아니라 의로우셨고 그분 안에 거하는 이들에게 그 의를 허락하시기까지 했다.

> 자녀들아 이제 그 안에 거하라 이는 주께서 나타내신 바 되면 그의 강림하실 때에 우리로 담대함을 얻어 그 앞에서 부끄럽지 않게 하려 함이라 너희가 그의 의로우신 줄을 알면 의를 행하는 자마다 그에게서 난 줄을 알리라… 주를 향하여 이 소망을 가진 자마다 깨끗하게 하느니라(요일 2:28, 29, 3:3).

초자연적인 삶을 사는 사람들은 자신의 시선을 예수님께 고정한다. 누구든 이런 태도를 가진 사람은 깨끗함을 입는다. 우리의 시선을 그분께 고정했을 때 그분을 너무 사랑하게 된 나머지 우리의 옷이 더럽혀지는 것을 원하지 않을 것이다. 그리고 그 옷이 구겨지는 것조차 허락하지 않을 것이다. 마지막 날에 그분 앞에 섰을 때 의의 세마포를 입게 될 것이다(계 19:7-8).

예수님이시라면 무엇을 하셨겠는가? 그분이 항상 행하시는 일은 무엇인가? 예수님께서는 아버지의 말씀을 듣는다. 아버지께 순종하시는 것이다. 그리고 아버지 하나님은 예수님께서 항상 언급하시는 대상이시다. 이와 마찬가지로 예수님께서는 우리가 그렇게 되길 원하신다.

예수님께서 밧모섬에서 유배 생활을 하며 노년을 보내던 그의 사랑하시는 자 요한에게 나타나셔서 당시에 세워졌던 여러 교회들에 대해 말씀하신 내용들은 오늘날 우리의 상황과 그대로 맞아 떨어진다. 에베소에 세워진 교회에 하신 말씀을 살펴보자.

> 네가 참고 내 이름을 위하여 견디고 게으르지 아니한 것을 아노라 그러나 너를 책망할 것이 있나니 너의 처음 사랑을 버렸느니라 그러므로 어디서 떨어진 것을 생각하고 회개하여 처음 행위를 가지라 만일 그리하지 아니하고 회개치

아니하면 내가 네게 임하여 네 촛대를 그 자리에서 옮기리라
(계 2:3-5, 렘 2:2, 마 24:12).

예수님께서는 첫사랑의 열정을 기억하라고 말씀하셨다. "너의 마음을 살펴보라. 누가 네 마음의 사랑을 차지하고 있느냐? 나를 향한 사랑이 더 깊어지고 더 강해지고 있느냐?" 우리의 첫 사랑이 흔들리고 있다면 다시 그분께로 돌아가 마음을 드리라. 우리를 안아 주실 것이다.

사랑은 영원하리니

사랑은 모든 것을 함께 묶는 띠이다. 우리에게는 너무나 익숙한 고린도전서 13장을 살펴보자.

> 내가 사람의 방언과 천사의 말을 할지라도 사랑이 없으면 소리나는 구리와 울리는 꽹과리가 되고 내가 예언하는 능이 있어 모든 비밀과 모든 지식을 알고 또 산을 옮길 만한 모든 믿음이 있을지라도 사랑이 없으면 내가 아무것도 아니요 내가 내게 있는 모든 것으로 구제하고 또 내 몸을 불사르게 내어 줄지라도 사랑이 없으면 내게 아무 유익이 없느니라…그런즉 믿음, 소망, 사랑 이 세 가지는 항상 있을 것인데 그중에 제일은 사랑이라(고전 13:1-3, 13).

이 성경 구절은 밥 존스가 1975년 8월 8일 죽음을 경험하면서 깨닫게 된 말씀이다. 그는 두 종류의 사람들과 함께 하늘 나라에 있는 자신을 발견했는데 그중 98퍼센트의 사람들은 긴 줄을 서 있었고 2퍼센트의 사람들은 다른 쪽 줄에 있었다고 한다. 그가 내려다 보니 자신은 빛나는 세마포를 입고 있었고 그 사실이 그를 안도하게 했다. 젊은 시절 죄로 가득한 인생을 살았기 때문이다.

　　하지만 그가 긴 줄을 서고 있는 사람들을 보았을 때 그들은 모두 자신이 죽었을 때 자신의 삶 속을 채웠던 가장 사랑하는 우상들을 걸치고 있었다. 누가 마약이나 술, 그리고 성적 욕망과 같은 것이었다. 돈을 사랑하던 사람들은 지폐로 자신의 몸을 감싸고 있었다.

　　하얀 옷을 있은 한 남자가 짧은 줄을 향해 다가오고 있었다. 밥은 자신도 그 줄에 서 있는 것을 알게 되었는데 더 가까이 다가갈 수록 다른 쪽 줄에서 일어나는 일을 자세히 살필 수 있었다. 그들은 모두 크고 깜깜한 곳으로 미끄러져 내려가고 있었고 다시는 되돌아 올 수 없었다.

　　밥은 자신이 서 있는 줄을 다시 바라보았는데 그곳엔 성도들로 가득했다. 한 명씩 하얀 옷을 입은 이에게 다가설 때 그는 이런 질문을 했다. "당신은 사랑하는 법을 배웠나요?" 그리고는 이마에 키스를 했고 천사들을 그들을 데리고는 어떤 문을 통해 나갔다.

밥의 차례가 되었을 때 그는 똑같은 질문을 했다. "당신은 사랑하는 법을 배웠나요?" 밥은 하얀 옷을 입은 이가 누구인지 알았고 그래서 대답할 수 있었다. 밥 존스는 사람들을 사랑했다. 그리고 그들이 구원받기를 원했다. 그는 영혼들을 사랑했다. 그러자 주님으로 여겨지는 그 남자는 구원 받지 못한 수많은 사람들을 위해 세상으로 돌아갈 수 있는지, 그리고 특별히 많은 사람들을 인도하고 양육해 온 사람들을 성령의 능력으로 기름부어 격려할 수 있는지를 물었고 밥은 그러겠노라 대답했다.

그는 자신이 다시 육체로 돌아왔다는 사실을 알게 되었다. 살아서 세상으로 돌아온 것이다. 이러한 일이 있은 후 그는 전심을 다해 주를 섬기고 그를 사랑하고 이웃을 사랑했다. 밥이 자신의 경주를 다할 수 있는 시간을 가졌을 때 아름답게 끝낼 수 있기를 간절히 사모했던 것이다.

성공적인 초자연적 삶

밥처럼 하루하루 이 땅에서 온전히 초자연적인 삶을 살아보는 것은 어떠한가? 이러한 삶을 경험할 때 하늘에서의 삶으로 전환하는 과정에 어떠한 경계선도 생기지 않을 것이다. 우리의 삶을 온전히 통제하실 수 있도록 내어 드리고 성령님의 바람이 부는 대로 순항하는 법을 배우라.

성령님의 사랑 넘치는 도움으로 초자연적인 삶은 가능하게 될 것이다!

이제 여러분은 초자연적인 삶을 가지게 되었다. 모험의 삶, 변화의 삶, 그리고 가능성이 무궁한 삶, 매순간 기대하지 않았던 일들을 만날 수 있다는 소망을 갖게 하는 삶 말이다. 이러한 삶은 그야말로 가장 자연스러운 것이다. 그리고 그리스도 예수를 중심으로 하는 삶이다. 초자연적인 삶은 정말 살 만한 가치가 있는 것이다. 성령님으로 흠뻑 젖은 초자연적인 방식으로 사는 삶보다 더 좋은 것이 있을 수 있다고 생각하는가?

> 아버지, 예수님의 이름으로 초자연적으로 살아가는 성공적인 크리스천이 되려면 어떻게 해야 하는지 가르쳐 주시옵소서. 성령님, 어떻게 하면 의롭고, 겸손하며 순종적이고 모든 것을 분명한 시야와 자족하는 마음을 가지고 대할 수 있을지 가르쳐 주시옵소서. 변화를 경험할 수 있도록 도와주옵소서. 당신의 아들이 소유한 인격과 선물들을 그대로 드러낼 수 있도록 우리를 변화시켜 주옵소서. 다시 한 번 당신의 성령으로 채우셔서 당신과 함께 걸어가는 초자연적 삶의 여정을 잘 마무리할 수 있도록 도와주소서.
>
> 예수님의 이름으로 기도합니다. 아멘.

되돌아보기

초자연적 삶은 마치 하나님의 사랑으로 짠 옷감처럼 보인다. 일단 한번 당신이 그것을 입게 된다면, 당신이 할수 있는한 오랫동안 계속 입고 있을 수 있도록 조심해야만 한다. 필요한 만큼 이 옷은 세탁할수 있고 수선할 수 있지만, 본향으로 돌아가야 할 때가 오면, 정결한 흰옷을 위해 교환할수 있도록하기 위해 이 옷을 계속해서 입기를 원하게 될 것이다.

종말에, 잘 끝낼수 있기 위해 이 땅에서의 마지막 숨결까지 초자연적 삶을 주시는 분과 사랑의 관계가운데 당신과 친밀함을 유지하라.

1. 성령님의 도움으로 "점검 하기"를 하고, 그분께서 말씀하셔서 수정하고 개정해야할 것을 했는가? 무엇을 명령하셨는가?

2. 만약 오늘, 당신이 죽어서 천국에 가기를 원한다면, "사랑하기를 배웠는가"라는 질문에 어떻게 답해야 하는가?

3. 당신의 자연적인 생애의 모든 날들동안 온전하게 초자연적인 삶을 살기위해 다짐했는가? 이 모험에 당신과 함께 누가 함께 하기를 원하는가?

초자연적 삶 이렇게 살라

지은이 제임스 W. 골
펴낸이 김혜자
옮긴이 김현경

1판 1쇄 인쇄 2011년 6월 30일 | 1판 1쇄 펴냄 2011년 6월 30일

등록번호 제16-2825호 | 등록일자 2002년 10월
발행처 쉐키나 출판사 | 주소 서울시 강남구 대치2동 982-10
전화 02) 3452-0442 | 팩스 02)3452-4744
www.ydfc.com
www.shekinahmall.com

값: 9,000원

ISBN 978-89-92358-66-8 04230
   978-89-92358-61-3 04230(세트)

* 잘못된 책은 바꿔 드립니다.
쉐키나 미디어는 영적 부흥과 영혼의 추수를 위해 책, CD, Tape, 영상물들의 매체를 통해 하나님 나라가 7대영역(가정, 사업, 정부, 교육, 미디어, 예술, 교회)으로 확장되는 비전으로 나아가고 있습니다.